成果を出す人に共通する心の秘密

人生のタネ明かし

精神科医・マジシャン

志村祥瑚

講談社

はじめに

ようこそ、人生のタネ明かしへ。
約束します。この本を読むことで、あなたの人生にMagicが起こります。

魔法の杖を一振りして、
一瞬で人生をのぞみ通りに変えられるなら何をしますか？
なんでもあなたの理想通りに変えることができるとしたら。

億万長者や、金メダル獲得、世界一周旅行、美女やイケメンに言い寄られる日々、武道館で歌うスターになってみたり、あるいは『ハリー・ポッター』の世界に行ってみたり……。

なんでも、マジックであなたの人生を変えることができます。
もし、そう言われたら、どうしてみたいですか？

そこまで、大きいことでなくても。

ふだんは買えないブランド品をシリーズ全部買い占めてみる。自分の顔で気になっている部分が整って自信が持てる。職場のイヤなあの人が、いなくなってくれる。急に家族や恋人がもっと言うことを聞いてくれるようになったり、突然クラスや職場で１番になって、自分に見向きもしなかった憧れのあの人が、急に告白してくれたり。

あと少しだけ、今を変えたいって思う時はありませんか？

私はありました。

「なんでこんな現実なんだ」って。

「こんな現実はイヤだ」

「思っていた自分の人生はこんなはずじゃない」って。

自分が大嫌いで、自分の人生が嫌いで、自分がいる意味もわからず、周りにもイライラ。自分の人生を、変えたくて、変えたくて、しようがなかったのです。

「私はいったい何をやっているんだろう？」と、周りのすごい人の人生が羨ましくて、妬ましくて、悶々としていました。

ところが、本書でお話しする「人生のタネ明かし」で、Magic が起こりました。

いえ、Magic といっても『アラジン』のように、魔神ジーニーが出てきて、魔法を一振りしてくれて私が億万長者になったとか、そういう大それた話ではないです。

けれど、変えたい！　変えたい！　と思っていた現実が、
「これでいいんだ！」と人生に 100％YES と言えるようになったんです。

人生が、「変えたい現実」から、「最高に楽しめる物語」に変化しました。

Magic が起こるというのは、
あなたの人生が、「変えたい現実」から
「最高に楽しめる物語」へと変化するという意味です。

もしあなたが自分の人生を、変えたいと感じているなら、
"何かが足りない" "まだ十分じゃない" と思っていることでしょう。

人生が、どこか不自由で、ノルマのように感じているかもしれません。理想とはかけ離れていて、時間もお金も満足するほどなくて、できることは制限されていると感じているかもしれません。

「なんで自分の人生はこうなんだ。もっと、他の〇〇のような人生だったらよかったのに」とない物ねだりをして、他の人の人生と自分を見比べてしまうかもしれません。

その時、あなたは本来の自分の力を発揮できていません。
まるで、この図のように。

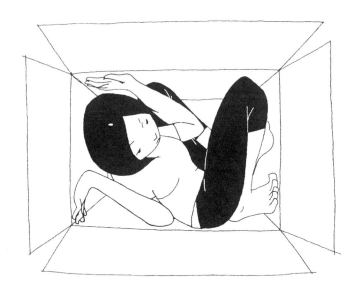

この箱から抜け出し、もっとよい人生を送ろうとして、自己啓発や、心理学、ポジティブ・シンキングのようなテクニックを試してみるものの、一時的には人生がよく感じられても、本当に過ごしたいと思う理想の人生にはなっていないでしょう。

ずっと、「変えたい現実」という本質は、変わらないからです。人生の家具の配置換えをしているに過ぎなくて、決して満足することがないはずです。

しかし、Magic が起こり、「**最高に楽しめる物語**」へと変化した時。

自分の人生に 100%YES と言えるようになります。心から自分を認められ、二度と失わない自信を手に入れます。どんなに傷つくような辛い出来事があっても、前を向けるようになります。キャリア、仕事、恋愛、対人関係、夢。あり方全てが劇的に変わり、今を肯定し、人生に起こる全てを受け止め、楽しめるようになっていきます。

この本では、文字通りあなたの「現実」が変わっていきます。

「変えたい現実」から「最高に楽しめる物語」へと
線路が変化していきます。

しかし、それには代償が必要です。

今までの自分の考え方や、あり方、信念が揺らいで、崩れ去っていくかもしれません。**現実を変える、というのは並大抵のエネルギーではありません**。

それこそ地球を破壊するくらいのエネルギーが！

そのため、読んでいる途中で、

「非常に不快な思い」がしたり、「奇妙」なことが起こったり、

「あなたの大切にしてきた信念が試練を迎える」ことになるでしょう。

大いに混乱し、大きなフラストレーションを感じるかもしれません。

しかし、読み終わり、本書の内容を理解した時には、

あなたの人生が「変えたい現実」から「最高に楽しめる物語」へと変化しているはずです。

「自分にできるかな？」と思われる方も中にはいるでしょう。

しかし、ご安心ください。この本は、**実際に医療の現場で使われている「認知行動療法 ACT」という精神医学的に効果の証明された心理療法に基づいて書かれています**。ACT というのは、Acceptance & Commitment Therapy の略で認知行動療法の最先端の理論の一つです。

実際に、世界中で、何千人という精神科医・臨床心理士が使っていて、何十万人という患者が認知行動療法 ACT で心の病気を治しています。

治療法というと「自分は患者じゃない」「そこまで病んでいない」と思われる方も多いでしょう。でもご安心ください。この認知行動療法は確かにうつ病や精神疾患の治療に使われてきましたが、今では広く、一流スポーツ選手のメンタルトレーニングや、企業でのストレス改善プログラムにも使われているのです。

実際に、私もオリンピック選手をはじめとしたトップアスリートたちに、この認知行動療法をベースとしたメンタルトレーニングを提供しています。

初めましての方も多いので自己紹介をさせてください。

<ruby>志村祥瑚<rt>しむらしょうご</rt></ruby>と申します。

私は、2つの職業をもっています。
精神科医とマジシャンです。

どちらも、本業です。

「医学」と「マジック」

全く異なる2つの職業に見えますが、
実は1つの共通点があります。

それが「ミスディレクション」を扱う職業ということです。

ミスディレクション、あまり聞き馴染みがない単語かもしれません。

ミスディレクションとは、マジックで使われる技術。
「注意を、間違った方向に誘導する」技です。

マジシャンが、右手を動かし注意を集めている間に、左手で気づかれな
いようトリックを行う。そんなふうに騙す技です。意識の盲点を突く、
と言ってもいいでしょう。

上の図のように、マジシャンは「見て！　象だ！」と言って観客たちが
後ろを振り返る際に、仕掛けを行います。つまり、マジックは実際に起
こっているわけではなくて、観客の「頭の中」でしか起こっていません。
大事なタネの部分を見逃したために、「え！　ありえない！　不思議が
起こった！」と錯覚しただけなのです。マジシャンはミスディレクション
を使い、観客の注意をそらし、現実を歪め騙すのです。

私は８歳からマジックをしています。初めは「あ！　見えた！」「あ！
今隠した！」などとミスディレクションができずネタバレばかりの日々
でしたが、海外でミスディレクションを磨き、ラスベガス・ジュニアマ
ジック世界大会優勝を経て、プロとしてテレビや劇場で様々なマジック
を見せてきました。

そしてマジシャンとして観客の注意を操る生活をしていく中で、
この「間違った方向に注意が向く」ミスディレクションが、
マジックだけでなくて日常生活でも起きていることに気がつきました。

電車に乗っている間、ふと気づいたら、目にとまってしまう動画広告。
勉強したいのに、ふと気づいたら、ずっといじってしまうスマートフォン。
そして、悩み過ぎて、気づいたら、目の前のご飯を楽しめない時も。

これらは、全てミスディレクションが引き起こしています。

マジックではミスディレクションは不思議を作り出すための良き相棒ですが、日常生活では、あなたの人生を邪魔する、敵にもなります。

間違った部分ばかりに注意がいけば、「自分の人生なんか意味がない」と、うつになってしまうかもしれません。

マジシャンの一方で、私は精神科医もしています。
精神科医は、患者のミスディレクションを解く仕事です。

診療の現場には、ふとしたきっかけで、心の病になった人がたくさんやってきます。
その人たちは、それまで普通に生活していた人たちです。
今読んでいるあなたも、そうなる可能性があります。

しかし、これはマジックを不思議と思い込むメカニズムと全く一緒。注意が間違った方向だけに向いてしまい、ネガティブな部分ばかり見て「自分の人生はダメだ」というイリュージョンが生まれてしまっただけなのです。

間違った方向への注意。
すなわち**ミスディレクションが、「変えたい現実」を作り出しているのです。**

私はそういった思い込みを作っているミスディレクションを解いて治療をしています。

しかし、患者だけでなくアスリートや経営者など元気な人でも、このミスディレクションに騙されていることがあります。

「絶対失敗するわけにはいかない」なんてもし思い込んでいたら、緊張して、本番で普段通りの実力が発揮できないかもしれません。

「理想の自分でいないと」なんてもし思い込んでいたら、理想ではない今の自分をつい責め過ぎて、自己嫌悪してしまうかもしれません。
ミスディレクションが、あなた本来の力を奪う原因にもなるのです。

そこで、私は治療だけでなく、ミスディレクションを解くメンタルトレーニングも行っています。

2017年から新体操日本代表チーム「フェアリージャパン」のメンタルコーチになりました。注意を操るメンタルトレーニングを3カ月に1度の頻度で行い、その年の秋に世界選手権でチームは入賞。2年後の2019年、団体総合で44年ぶりの銀メダル。種目別競技においてはボール部門にて日本史上初の金メダルにも輝きました。もちろんこれは私の成果ではなく、選手たち、コーチスタッフ陣の努力の結晶です。しかし、メンタルトレーニングの効果も否定できません。

その結果を受け、2019年冬からはカヌースラローム競技でもメンタルトレーニングを行うようになり、東京2020オリンピックでは2競技を担当することになります。

トップアスリートだけでなく、上場企業経営者や役員の方々、アーティストや芸能人・女優・俳優の方々もいます。

私がメンタルトレーニングした人の中には、ミスディレクションを解き人生にMagicが起きた人がたくさんいます。

- ステージ4の末期がんの骨転移で半身不随になり動けなく、人生を諦めうつ状態になっている患者が、楽しみを見つけ笑顔で毎日過ごせるようになった。
- 20年来のパニック障害で移動ができず苦しんでいた社長が、電車に乗れるようになり活動範囲が広がった。
- 「お笑い芸人になる夢」を諦めて会社に就職したサラリーマンが、お笑いコンビを再結成、夢にチャレンジするためM1グランプリに出場等々……。

「ミスディレクション」を解くことで、
あなたの人生にも、Magic が起きます。

本書の目的は、
あなたの人生を「変えたい現実」から「最高に楽しめる物語」に変化さ
せることです。

そのため、マジシャンは普通、タネ明かしをしないのが鉄則ですが、
この本では、あえてミスディレクションの仕組みをタネ明かしします。

マジシャンがイリュージョンを創り出すミスディレクションの仕組み
と、精神医学の理論を元に、あなたがどう現実を錯覚し、思い込み、信
じていくのか。
「人生のタネ明かし」と題して、現実が変わるメンタルトレーニングを
していきます。

この人生のタネ明かしを実践することで、
あなたの人生が「変えたい現実」から「最高に楽しめる物語」に変化し
ます。

ひとつ、タネ明かしを始める前に注意点があります。

「最高に楽しめる物語」といいましたが、何も、億万長者、金メダル獲得、世界一周旅行、美女やイケメンに言い寄られる日々、武道館で歌うスターになれる……といったことが絶対起こるというわけではありません。

もし起こったとしても、それらはあくまで、ボーナス。必ずどんな人にも起こるわけではありません。
それを期待して読んではいけません。

ただし、これは私にも不思議でわからないのですが、タネ明かしで人生が「最高に楽しめる物語」になった結果、生き方が変わり、前以上に、人生にワクワクドキドキする予想外の面白い出来事が起こっていく人が多いのです。

もしかしたらそれこそが、本当の Magic なのかもしれません。

お待たせしました。
みなさん、準備はいいですか？
それでは、人生のタネ明かしを
はじめましょう。

目 次

2章 ミスディレクションに気づけ

3章 オートフォーカス

4章 間違ったオートフォーカス

5章 行動にフォーカスする

幕間

6章　サイレントスクリプト −人生を変える技術−

1章

現実のタネ明かし

現実は思い込み

そもそも「現実」とは何でしょうか？
わかりやすい、昔からあるたとえ話があります。

むかしむかし、あるところに5人の盲目の修行僧がいました。
この5人は盲目、つまり目が見えません。

そんな5人をゾウに触らせてみて、それが何であるかを問うてみること
にしました。

5人の修行僧は、それがゾウだとは知らされていません。
それぞれの修行僧はゾウを触り、こんなふうに言いました。

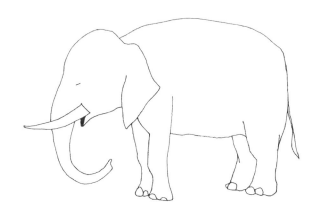

1人は、腹を触ります。

「わ！　なんだこの波打つ
壁は？？　これが伝説に
聞く空飛ぶ絨毯か？？」

1人は、牙を触ります。

「もしやこれは槍じゃなか
ろうか？　コヤツで憎き
アヤツを突きまくってや
りたいじゃ！！」

1人は、鼻を触ります。

「ギャー！　これはヘビ
じゃない！　なに触らす
のよ！　まじヤダ！」

1人は、足を触ります。

「みんな何言ってるのか
しら？　これは木の幹な
のよ！　木の根っこでも
触ってるんじゃないのか
しら！」

1人は、耳を触ります。

「ほっほっほ、うちわです
ね、これは。全く、みな
さん修行が足りませぬ」

こんな風に、5人の修行僧が思い浮かべたものは、それぞれ全く異なる
ものでした。

私たちの「現実」というのはこれと全く同じなのです。

私たちは、現実をありのままの状態で見ていません。

私たちは、常に、

自分の注意した部分だけを解釈して、世界を捉えています。

私たちは、常に思い込んでいます。

そうです、あなたも、思い込んでいます。

現実とは、「思い込み」です。

例えば、この文字をみてください。

ひらがなの「ぷ」にしか見えないですよね。
けれど、現実とは「思い込み」です。

今から、先入観を取り払います。
今からあなたは「ひらがなを知らない外国人」です。

ひらがなを知らない外国人だと思って、
そう思い込んでこの図を眺めてみましょう。
そしたら、なにに見えてくるでしょうか。

なにかに見えてきたでしょうか。

実は、これはボウリングのボールを投げている人の図です。

日本人ならひらがなでも、外国人なら図に見えます。

同じ物事を見ても、

現実は、見る人の思い込みによって変わります。

私たちは、この「ひらがな」と同じように様々な先入観を持っています。

言語を使いはじめる３歳の頃から作られ、成長するにつれてその思い込みは密度を増していき、恋愛観、仕事観、人生観と呼ばれるようなそれぞれの捉え方ができていきます。

現実も「ぷ」と同じ。

当たり前と思っているフォーカス（意識の焦点）を変えれば、現実を変えることができます。

思い込みによっては、悲劇を喜劇に、ピンチをチャンスに、憎しみを愛に、変えることができます。

思い込みは、意識のフォーカス

思い込みというのは、錆び付いて固まったレンズのようなものです。

「成功しないといけない」と思い込んでいれば、常に結果や評判にフォーカスが向いてしまいます。

「孤独はいやだ」と思い込んでいれば、常に誰かといることにフォーカスが向いてしまいます。

一部分にしかフォーカスが向かなくなってしまい、そこしか見えなくなるのです。

人によって、このフォーカスは違います。
そのため喧嘩がうまれます。

同じ図形を見て、

右の人は「3」と言っていて、

左の人は「E」と言っています。

前の人は「m」、

後ろの人は「W」だと言っています。

現実は、フォーカスによって変わります。
同じ体験でも、フォーカスを変えてみれば違う意味に気づきます。

そのため、多くの自己啓発本や心理学の本では、

「捉え方を変えよう」「違う視点から眺めてみよう」などと書かれている
かと思います。しかしそういう本を読んでみても、なかなか「捉え方」
が変わることは少ないのではないでしょうか。

なぜなら、私たちはフォーカスしてないものには、そもそも気づかない
からです。

次の写真を見てください。

男性の30%は
水着の女性に夢中になって
フランシスコ・ザビエルに気がつかない

あなたのフォーカスした部分が、現実になります。

美女にフォーカスしていると、

ザビエル師が視界に入っているのに見えないのです。

これを、選択的注意、と認知心理学の用語では言います。
フォーカスしていない情報は、そもそも意識にのぼりません。

見たものだけが全てではないのです。
私たちのフォーカスが、現実を作っています。

あなたの意識は、光のようなものです。
意識したところに、光が当たり、意識の外は、影になります。

あなたはマジックショーを生で見たことはありますか？

マジシャンは、常に観客のフォーカスを操ります。フォーカスを操り、観客の死角、陰のところでシカケを行います。そして、光しか見えていなかったあなたを鮮やかに騙します。ミスディレクションと言われる技術です。**ミスディレクションとは、注意を誤ったほうに向ける技術**。マジシャンが、観客を騙して驚かせられるのはミスディレクションを使っているからなのです。美女に注目してザビエル師が見えないのと同じ原理です。

もし生で見たことがない人がいたら、私がマジックをしている動画をぜひご覧ください。あなたは騙されないでいることができますか？

マジック動画（1分半ほど）
shogoshimura.com/book

「はじめに」でも言いましたがこのミスディレクションは、マジックの中だけでなく、
日常生活のあらゆるところで起きています。

あなたの意識が当たったところが光になり、
意識の外は、影になります。

「現実」とは、
あなたの意識の光が当たった部分を指す言葉です。

渋谷のスクランブル交差点を歩いていて、もし、あなたが男子高校生な
らどこに意識のフォーカスが向かうでしょうか。
おそらく、可愛い女子高生に目が行くはずです。

もし、あなたが最近出産したばかりのママなら、
どこに意識のフォーカスが向かうでしょうか。
おそらく渋谷にどれだけ赤ん坊が多いかという事実に驚くはずです。

しかし、男子高校生は渋谷のスクランブル交差点にいるたくさんの赤ん
坊に気づきません。
同様にママも、渋谷のスクランブル交差点にいる女子高生のスカートが
どれだけ短いかは全く気づきません。

意識のフォーカスこそが、
あなたの「現実」なのです。

プロのマジシャンだけがミスディレクションを使うわけではありません。
実はあなたの無意識も、ミスディレクションを使い、注意を操っています。
あなたの無意識も、ある意味マジシャンなのです。

私たちの脳には、1秒間に7GBの情報が入ってきていると言います。
視覚、聴覚、触覚、味覚、嗅覚、体性感覚。
しかし、私たちはその全てを意識に上げることはできません。
全てを注意することはできません。

例えば、あなたは今この本を読んでいますが、
その間、足が床についている感覚は感じていましたか？
お尻が椅子に接している感覚は感じましたか？
瞬きの感覚は感じていましたか？

服が肌についている感覚は感じていましたか？
本の外の世界では何が起こっていましたか？
周りの環境音やBGMは聞こえていましたか？

本の中身に注意していれば、それ以外の情報はカットされてしまうのです。

意識は、一つのところにしか注意を当てられません。
そのため、意識が光を当てた部分と、影の部分ができます。

注意していないのは、見えていないのと同じです。

もし、あなたが悩んでいる状態ならば、
あなたの注意は悩みにフォーカスしています。

その時、心ここにあらず。本当は目の前にある「小さな幸せ」や「充実感」
に気づかないかもしれません。ザビエル師に気づかないのと同じように。

記憶も、あなたのフォーカスが作っている

記憶は、今この瞬間の「現実」の積み重ねでできています。
あなたが過去にカメラに撮った「現実」の録画集が、記憶です。

あなたが意識を当てたところだけが、記憶に残ります。
逆に言えば、**フォーカスしてなかった部分は、忘れ去られ録画されません。**

記憶とは、映画のようなもの。あなたは映画監督です。
何百時間という膨大な撮影時間がある中で、映画監督は、吟味して2時間程度に圧縮します。

100 から 1 にする作業が、映画の編集作業です。

そして、残りの 99 はカットされ、「メイキングムービー」にいれられてしまいます。

あなたの記憶も全く同じです。

あなたの意識が光を当てたところが、「本編（あなたの記憶）」として残っています。

意識が当たらなかった影は、「メイキングムービー」に入ってしまいます。

もし「人生は失敗だ！」と捉えているなら、あなたの「本編」はダメなところにばかり光を当てています。

実際には、成功していたり、才能があったり、賞賛されていた部分があっても、「メイキングムービー」に追いやってしまっています。そして、自分でダメなところだけを本編にして、思い込んでいます。しかも、あなたはそれに気づいていません！

フォーカスを変えれば、現実も変わる

あなたのフォーカスが「現実」を作り出しています。

例えば嫌いなイケ好かない上司がいて会社に行くのがイヤなあなた。
あなたがオフィスにいる間、一体どこにフォーカスが向いているでしょ
うか？

「また今日も怒られるのかなぁ、会うのイヤだなぁ」と。仕事をしてい
ても、あるいは家でも心ここにあらず。あなたの意識のフォーカスは、
常に上司に向いています。

他人にフォーカスが向いていれば、
当然集中して仕事ができませんし、成果も上がりません。

あなたのフォーカスが「現実」を作り出しています。

美味しいご飯を食べていても、
素敵な景色や映画を観ていても、
友人と楽しいひと時を過ごしていても。
もしフォーカスが過去や未来の悩みにいっているなら、「今この瞬間」
を楽しめません。

人は目の前のことに全力でフォーカスするからこそ、楽しんだり、充実感を感じたり、何かを達成したりすることができます。
あなたのフォーカスを変えればあなたの現実が変わります。

あなたの中にある、無意識のフォーカスの癖が、
あなたの現実を間違った方向に歪めています。

しかも、あなたは現実が歪められていることに、まだ気づいていません！
マジシャンの使うミスディレクションのように。

人生のタネ明かし
1

**意識のフォーカス（＝注意）が、
あなたの現実を作っている。**

**フォーカスしていないものは、
気づかない。**

**記憶も、あなたのフォーカスが
作っている。**

2章

ミスディレクションに気づけ

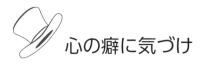

心の癖に気づけ

あなたには、自分では気づかず、ついやってしまう心の癖はありませんか？
心の癖も、意識のフォーカスによるものです。

例えば、「漠然とした未来への不安」

このままでいいのだろうか、このままで理想の自分になれるのかと、気づいたら将来の仕事やキャリアなど人生に不安を感じて、答えが出ないはずの未来についてぐるぐると考え込んでしまう。

例えば、「先延ばし癖」

決めたことを守れず、ついつい後回しにしてしまう。やると決めたのにできない三日坊主。気づいたら、頼んだ周りの期待を裏切ることもある。買ったのに積んだままでまだ読んでいない本の山。

例えば、「衝動性」

イライラして感情のまま周囲にあたってしまう。気づいたら心にもないことを言ってしまい、敵をつくり後には引けなくなってしまうことも。他にはついついしてしまう衝動買い。あるいは暴飲暴食。自分を制御しきれなかったことに後悔することも。

例えば、「意地っ張り」

なかなか親や周りのいうことを真正面から聞くことができない。正しいことを言ってくれているのはわかるのに、気づいたら、プライドが高くてついつい口答えをしてしまったり、喧嘩っぽくなったりしてしまう。あるいは誰かに甘えたいのに甘えられなかったりすることも。

例えば、「自己嫌悪」

ちょっとしたことですぐ自分を責めてしまう。小さなことでつまずいてしまい、わかっているのに直せていない自分を責めることも。自己嫌悪する自分もイヤだけど、止められない。気づいたら、自分を責めている。理想通りになれてない自分が許せなくて、大嫌い。

例えば、「心配性」

ついつい仕事の予定が気になってしまい、デートやご飯を食べていてもスマホが手放せない。気づいたら、将来のことがいつも心配になってしまう。嫌われたくないから初対面の人と会うと緊張してしまい、あまり人に強くものを言うことができない。

例えば、「無気力」
やるべきことはたくさんあるのに、できない。やる気スイッチをどうやって押したらいいかわからない。気づいたら、気分が落ち込んで止められず、過去を思い出してずっと後悔していることも。

例えば、「依存症」
スマホ依存、ゲーム依存、SNS 依存、アルコール依存、ニコチン依存、恋愛依存。気づいたら自分ではコントロールができなくて止まらない。もう寝たいのに、見たいわけではない SNS をずーっと見続けてしまったり。もう寝たいのに、YouTube を延々と再生し続けてしまって止められなかったり。

なんでこんなにも自分自身をコントロールするのは難しいのでしょう。
どうして、気づいたら、振り回されているのでしょうか。

これも、**全て意識のフォーカスが原因なのです。**
全て間違った方向に注意を向けてしまっているだけなのです。

「注意」は、意識を注ぐと書きます。
注意はテレビのチャンネルのようなもの。

未来の心配にばかりチャンネルを合わせていると、不安や焦り。
過去にばかりチャンネルを合わせれば、後悔で塞ぎ込み。
欠点にばかりチャンネルを合わせていれば、自分を責めすぎてうつになってしまいます。

つまり、あなたのメンタルに波があったり、心に振り回されたりしてしまう癖の原因は、全て間違った方向に注意を向けてしまっているからなのです。

意識のフォーカスは、常にぼやける

「そうか、じゃあミスディレクションに気づけば、心の癖に振り回されないんだ！」
と言ったところで、あなたは注意を変えることができるでしょうか？

注意をコントロールするのはとても難しいです。
なぜなら、そもそも気づかないからです。
優れたマジックで騙されるのと同じで、いつの間にか注意をもっていかれているのです。

誰でも、勉強しようと思っても気がついたら好きなテレビ番組を見ていたり、スマホをいじっていたりした経験はないでしょうか。

いつの間に注意を誘導されていたのでしょう？
気づいたら、ミスディレクションされているわけです。

あるいは好きな人ができた時なんかは最悪です。ずっとその人からの連絡を待って何度も何度も既読にならない LINE を開いたり、ネットでずっと「好きな人　振り向かせる」と検索し、夜通しテクニックを集め続けてしまったり。仕事や勉強は完全にうわの空。気づいたら、何時間も答えがないことに時間を浪費していることもあるでしょう。

こういった時も全て、無意識のマジシャンがやってきて、ミスディレクションを仕掛けています。

たとえて言うなら、
あなたは自分の心のバスの運転手。
あなたは自分の望む目的地に進もうとするのですが、
ふとした瞬間に、無意識に潜むマジシャンがバスに乗り込んできます。

人によってマジシャンの種類は違います。
不安マジシャンだったり、嫉妬マジシャンだったり、自己嫌悪マジシャンだったり様々です。

そしてその乗り込んできたマジシャンはミスディレクションを使います。あなたの注意を別の方向に向け、その隙にあなたのバスのハンドルを奪い、全然違う方向に走り出してしまうのです。あなたの心はバスジャックされてしまうわけです。その間あなたの心は自動操縦され、あなたは何もすることができません。

そう、あなたがマジシャンに振り回されている時は、どうにかして心のコントロールを取り戻そうとしても取り戻せません。あなたは全くコントロールすることができません。ただ、されるがまま、気づかぬうちに注意を違う方向にもっていかれてしまうのです。

意識のフォーカスは、常にぼやけます。

例えば、今日朝起きた時、あなたはどこに意識が向いていましたか？

ある朝は「連絡来てるかな？」とスマホにフォーカスが向いていたり。
ある朝は「会社行くの憂鬱だ……」と上司にフォーカスが向いていたり。
ある朝は「隣にいる恋人の寝顔」にフォーカスが向いていたり。

毎日、違うところにフォーカスが向いていることに気づくはずです。

意識のフォーカスは、常にぼやけます。

例えば、

- 鏡の前で歯を磨く間、どこにフォーカスを置くか決めていますか？
- 電車のつり革に摑まっている間、どこにフォーカスを置くか決めていますか？
- シャワーを浴びたり湯船に浸かったりする間、どこにフォーカスを置くか決めていますか？

おそらく、ほとんどの人は決めていないのではないでしょうか。
決めていなければ、歯を磨く時、電車の時、お風呂の時、なんとなく毎日毎日違う考えごとをしていたりしませんか。

そうです。
意識のフォーカスは、常にぼやけます。
マジシャンはそれを利用して、観客の意識を自由自在にコントロールし、盲点を作り騙すわけです。

しかし、あなたの無意識もマジシャンなのです。
勝手に、あなたを誘導して、別のところに意識を向けさせます。

その結果、望む人生を送れず、気づいたら人生を浪費してしまいます。

私たちが心に振り回されてしまうのは、全てミスディレクションのせい
なのです。
心をマスターするには、ミスディレクションを解くことが大切です。

では、どうやってミスディレクションを解くことができるのでしょうか。
今まで気づいていなかったことに、どうしたら気づくことができるので
しょうか。

これからミスディレクションのタネ明かしをしていきます。

3つのトリガーを意識するだけで、
注意を変えられる

実は、ミスディレクションの手前には注意の分岐点があります。

ミスディレクションの道　　　　　　　気づきの道

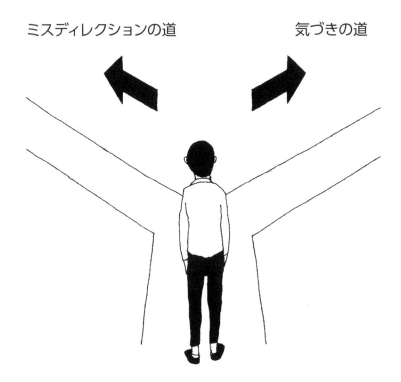

今、この瞬間にも、あなたは注意の分岐点に立っています。
この図は、これからこの本で何度も出てくるので覚えておいてください。
あなたはどちらの道を選ぶこともできます。

左はミスディレクションの道、右は気づきの道です。

ここに注意の分岐点があります。
どんなものが分岐点になるのでしょうか。

実は分岐点を作り出す、３つのトリガーがあるのです。

・環境トリガー
・思考トリガー
・感情トリガー

それぞれ見ていきましょう。

 環境トリガー

まず、環境トリガーのミスディレクションです。
文字通り外の環境によって、ミスディレクションされてしまうものです。

一番わかりやすいのが、外にいるイケメン・美女に気づいたら注意がもっていかれるものです。キラリと胸元で光り、揺れ動く女性のネックレスやイヤリングに注意がいってしまうなどでしょう。

他には例えばスマートフォンの通知。LINE の通知音で注意がもってい
かれてしまいます。通知のたびにミスディレクションされスマホをい
じって、スマホ依存症となってしまい休まる時がありません。

たとえ音がしないサイレントモードにしても、画面に出てきた通知
POP がミスディレクションになるでしょう。
それを見たが最後、延々と LINE をいじってしまい、そこから別の
SNS にワープしたり、ニュースにワープしたりして、気づいたら1〜
2時間使ってしまう。しまいには寝る時間が遅くなり、翌日も寝起きが
悪い、なんて不眠を訴える人もメンタルクリニックの外来で少なくあり
ません。

別の例をあげます。あなたは職場で集中を必要とする仕事をしています。
しかし隣の席の同僚が雑談していて、その笑い声が耳に入ってきました。
これも環境トリガーです。あなたの注意はそれに引っかかり、仕事に全
く集中できません。いつの間にか会話に入るタイミングをうかがってい
て、気づいたら自分も巻き込まれて盛り上がってしまい、ついぞ仕事に
集中できなかった、ということもあるでしょう。

学生であれば、試験前に勉強をしようとしても、机の上に置いてある
ゲームやスマホに目が移り、それが環境トリガーになって注意がもって
いかれて、やり始めてしまうと鮮やかな液晶の照明にさらにミスディレ
クションされて2〜3時間潰してしまった、なんてこともあるでしょう。

このように、視覚的であれ、聴覚的であれ、自分の体の外側、外界から
きているものは、環境トリガーです。

一番基礎的な形で、マジックではこれを使って手や口で騙すわけです。一番古典的なのはマジシャンの助手で際どい格好のバニーガールが出て来るなどでしょうか。

観客の視点は一気にそちらに向かってしまい、その隙にマジシャンはなんでも隠し放題です。

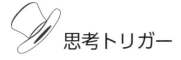

思考トリガー

お次は思考トリガーのミスディレクションです。
こちらは環境トリガーと違って目に見えないので少し概念を理解するのが難しいでしょう。

もしかしたら、あなたは今までこの存在に全く気づかず、騙され続けているかもしれません。

思考トリガーは、「頭の中で浮かんで来るあなたの考えがトリガーになっておこるミスディレクション」のことです。

あなたの頭の中は、図のようにたえずいろんな考えが浮かんでいます。

自分の心の中を、PCやスマホのスクリーンだと思ってください。人によってスクリーンに映し出される思考は全然違っていて、羊雲のようにポツポツと考えが浮かんでいる人もいれば、積乱雲のようにどーーーん！と1個の考えが浮かんだままの人もいるでしょう。

もし浮気
されてたら
どうしよう…

同じ考えが、山のように増殖してしまっている人もいるでしょう。

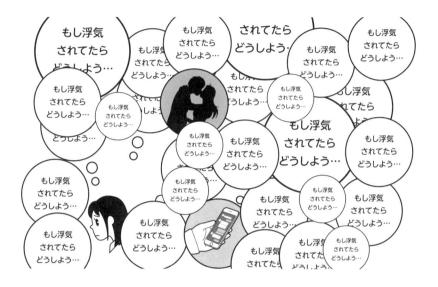

思考は Twitter のようなもの

思考は Twitter のようなもので、「ランチ何食べようかな〜」という考えから、「明日の仕事嫌だなぁ」まで毎日様々な考えが、あなたの心の Twitter には投稿されます。

タイムラインにいろいろなツイートが流れる。

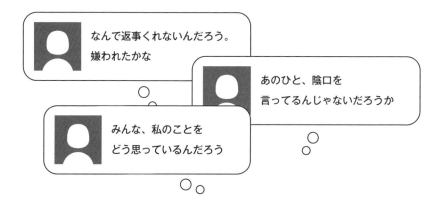

ポジティブな投稿もあれば、ネガティブな投稿もあります。ミスディレクションに引っかかる時は、ある投稿に注意をもっていかれてそのことばかりずーっと同じことをぐるぐる考えている状態です。まるで、心のTwitterで自分の投稿に延々とリツイートを押している状態と言えるでしょう。リツイートを押すと、ツイッターではその投稿がタイムラインの一番上に上がってきますよね。それと同じであなたが悩みをリツイートすると、ずっとそのことばかり心のタイムラインのトップに来るため、目に止まってしまいます。

「連絡来てるかな？」「『いいね』、来てるかな？」「疲れたしお酒飲もうかな」
「ダメだ、自分って」「私の将来どうなっちゃうのかな」

こんな考えが浮かんで来て、知らぬ間に思考トリガーでミスディレクションされ、あなたは作業を中断し、SNSを見たり、自己嫌悪したり、お酒を飲んだり、タバコを吸ったりしてしまいます。

あなたが、もし自分をうまくコントロールできていないと感じているならば、
もしかしたらいつの間にかこの思考トリガーに引っかかっている可能性があります。

 感情トリガー

感情トリガーも、目に見えないミスディレクションです。
自分の体の「感覚・感情・衝動」がトリガーとなりミスディレクション
されることをいいます。

例えば、不安、怒り、悲しみ、罪悪感、憂鬱、孤独感、焦燥感、嫌悪感、
悔しさ、などがトリガーとしてあげられるでしょう。

毎日、私たちは様々な感情を体験します。

感情や衝動というのは、一言でいうと体の感覚の波みたいなものです。

この波には、いろいろな強さや速さがあります。亀のようにゆっくりと込み上げて来る感情もあります。一方で新幹線のようにビューンと猛烈な速さでやって来る、怒りや恐怖、のような感情もあるでしょう。また、竜巻のようにこみあげて来る感情を、「衝動」と呼びます。

あるいは、音楽のようなものとも表現できます。

バラードのような情緒的な音楽、あるいは子守唄やハードロックのような感情もあります。

誰かがネガティブなことや批判的なことをあなたに言うと、この感覚の波はあなたの体の中でこんなふうに動くでしょう。

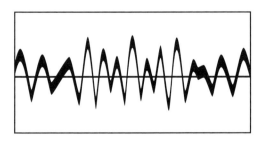

誰かがあなたを褒めると、体の中で波が動きます。

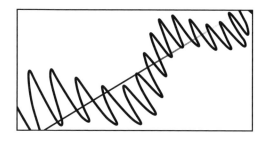

いきなり会社をクビにされたら、こんなふうに動きます。

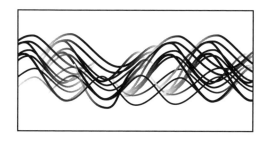

予期せぬお金が入ると、波はこのように動くでしょう。

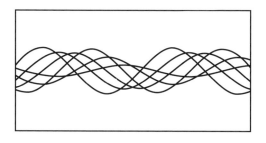

あなたのパートナーがあなたの元を去ると、こんなふうに動くかもしれません。

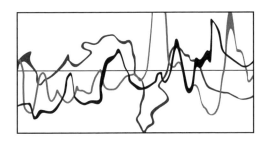

日々このように波は動きます。
そして、この体の感覚の波がトリガーになり、ミスディレクションされてしまうのです。

例えば、不安な波がやって来た時に、気づいたら、禁酒中にアルコールを飲む、孤独感が波でやって来た時に、気づいたら、見たいわけでもないのにスマホを見る、というふうに。

また、感情は、環境の影響を受けます。
楽しい音楽を聴いたら、気分が高揚しますよね。一方、さっきまで飲み会で友達に囲まれていたのに、急にひとりぼっちになったら、その環境の変化で、寂しくなるかもしれません。つまり、環境トリガーで感情トリガーが誘発されることが多いでしょう。

例えば、仕事終わりでクタクタになった夜の帰り道。

真っ暗闇に煌々と輝くコンビニの看板が（環境トリガー）。吸い寄せられるようにウィーンとコンビニに入ります。すると、目の前に美味しそうなスイーツが（環境トリガー）。

「買いたい！　欲しい！」というエネルギーの衝動が体を駆け巡ります（感情トリガー）。しかも、この時は夜で体が疲れていて、カロリーが足りないため、甘いものに完全に釘付け。ミスディレクションによって買う以外の選択肢が生まれません。この衝動に負けて買ってしまうというのが感情トリガーのミスディレクションです。

 ## ３つのトリガーは重なって、あなたを騙す

これら環境・思考・感情の３つのトリガーは、それぞれ独立している因子というよりは、重なってあなたをミスディレクションします。

例えば、なんとなく間食をしてしまう。止めたいのに止められないという人がいます。

その人はまず「空腹」だったり「口が寂しい」という感覚が、トリガーです。

お腹が空いた感覚が感情トリガーになり「何か食べようかな」なんて考えが浮かびます（思考トリガー）。「いやいやでも我慢しなきゃ」という考えも浮かびますが、我慢はストレスなので、そのストレスによってさらにストレスをなくすために間食したいという衝動が生まれます（感情

トリガー)。そこにトドメをさすように目の前の棚の見える位置にお菓子の袋がある(環境トリガー)ことによりノックアウトです。
完全にミスディレクションされたあなたは、ふらふらとお菓子を手に取り食べてしまうのです!

あるいは別の例。つい自己嫌悪してしまう例です。
仕事が終わってようやく家に帰り着いた夜10時。あなたはクタクタです。このクタクタが感情トリガーになり、「ああ、今日はちょっとダラけよう。自分を甘やかそう」という思考が浮かびます。この思考トリガーと、家に着いたという環境トリガーの3つが合わさり、あなたは羽目を外します。人によっては我慢していた飲酒や体に悪い食事、夜更かしなどの行動をミスディレクションされてしまいます。もちろん、それが至福の時間で、楽しみというのなら私は止めません。しかし翌日寝過ごしちゃったり、夜更かししたことで体がだるくて仕事にならない、本当は我慢したい、やっちゃいけないのに……と罪悪感を感じていても止められないなら、そのミスディレクションを解く必要があるでしょう。

全てのケースを書くことはできませんが、あなたが自分をコントロールできていないのならば、これらの例のように必ず環境・思考・感情トリガーが重なって、ミスディレクションされています。

では、どうやって3つのトリガーに対抗していけばよいのでしょうか。

スマホは強力なミスディレクション発生装置

あなたは朝目覚ましをスマホでかけていませんか？

もしそうなら、朝からスマホのアラームを止めるためにスマホを触り（環境トリガー）、その瞬間スマホにミスディレクションされて、LINE、Twitter、Facebook、Instagram、YouTubeと次から次へと環境トリガーで時間を奪われてしまいます。

結果、気づいたら、思っていたよりもスマホに時間を使い過ぎてしまうのです。

しかも、前の晩もアラームをスマホでセットするので、寝る前もミスディレクションされます。結果、寝る間際なのにLINEを見て、既読無視されていることから寂しさを感じ、寂しさが感情トリガーになり「なんで連絡してくれないんだ、あいつはひどいやつだ」と思考トリガーも生まれ、他人に少しイライラ。そのイライラが感情トリガーになり特段に見たいわけでもないのに気を和ませるためにInstagram、YouTubeと次から次へとアプリに注意が移り、結局寝る時間を逃してしまう……なんてことが起こります。そのせいで、朝も熟睡感がなかったり、寝起きが悪かったりすることも。

これらも全て、**スマホが便利すぎるがゆえに起こってしまうのです。**
もちろん、**「別にいいんだ、仕事終わりにスマホを見るのが何よりも人生の楽しみなんだ！」** というなら私は止めません。

しかし、本当はそれほどスマホに時間を使いたいわけではないのに、気づいたら長々とスマホをいじっていてやめられないならば、あなたはミスディレクションされています。

あなたがいじり続けるのをやめたいなら、元栓である環境トリガーをなくすしかありません。つまりスマホを寝室に持っていかないのです！

もしあなたがスマホをベッドの周りで充電していて、ベッドの上でスマホをいじる習慣があるなら要注意！　「ベッド」そのものが、「スマホをいじる」環境トリガーになってしまいます。そのためベッドが寝る場所ではなく、スマホをいじる空間になってしまうのです。

対策は、簡単です。
充電器を玄関など、寝室から離れた場所に置くのです。

ふぅ……これで物理的な環境トリガーが発生するのを防ぐことができます。

あ！　まだダメです。SNSの通知を全て切ってください！
もし「ピロリン！」なんて音が鳴ったら最悪です。あなたの注意はすぐにもっていかれて、ついつい玄関で充電していたはずのスマホから充電ケーブルを勢いよく抜き取り、そのままスマホを開きSNSを読みながらフラフラと移動し、ベッドにいってスマホに耽ってしまいます。

「そんな！　SNSの通知を全て切るなんて……‼ 」という心の声が聞こえてきます。

しかし私は心を鬼にして、そんなあなたの頭をハリセンでスパコーンと叩くでしょう。

ミスディレクションを甘くみてはいけません。

私たちの意思の力なんか、赤子の手をひねるように弱いものです。今まで生涯をかけて、会う人会う人にマジックを見せ、ミスディレクションの威力を実感してきた私が言うのだから間違いありません。

読書しようと思っても結局、電車の中でスマホをいじってしまっている、ということはありませんか？　ミスディレクションを甘くみてはいけません。それこそ、スマホはカバンの奥底にしまって、最初から手に本をもって電車に乗れば、ミスディレクションされないかもしれません。けれど、その場合でも通知が鳴ったら一発 KO です。気づいたらメール返信をして、その流れでスマホゲームなどをしてしまうのです。

もちろん、仕事でどうしても通知が必要な場合もあるでしょう。それは仕方ありません。私の周りにも、プライベートの時間でも病棟から LINE で呼び出される外科医もいます。しかしあなたの仕事に必要ない SNS があれば、勇気をもって通知を OFF にしていきましょう。

SNS の通知、アプリの通知は全部 OFF をお勧めします。音も、POP で出てくるのもダメです。ミスディレクションされます。もちろん、どうしても必要な場合は、相手に電話番号を教えて大事な電話だけは通知音が鳴る、というようにすればいいでしょう。でもそれ以外は、99％すぐ返事する必要はないのです。

これは、PCも同じです。LINEを常時開いていたり、メールが届いたことを知らせる通知が画面に表示されたりしてしまうと、それが環境トリガーで注意を奪われます。全く集中できないでしょう。

「カフェに行くと仕事が捗る」という人、いますよね。これは環境トリガーを取り除いたからです。環境トリガーを取り除いたことで、職場のように話しかけられることも、雑談に注意がもっていかれることもなく、しっかりと作業にフォーカスできるのです。

ただこんなふうに環境トリガーを周りから排除しても、
思考トリガー、感情トリガーは取り除くことはできません。

例えば、思考トリガー。

「あのメールに返信きてるかな？」
「私の投稿に、『いいね』ついてるかな？」
という考えがふと頭の中に浮かび、それが思考トリガーになってスマホを触り、さらにスマホが環境トリガーとなってSNSに耽ってしまう。

例えば、感情トリガー。ぎゅーって胸が苦しくなるような孤独な気持ちがやってきて、それを拭い去りたくなり、スマホを見る。SNSを見て人々の投稿に触れようとする。

トリガーが次のトリガーになり、ドミノ倒しが起こります。SNSが環境トリガーとなり関連する記事を見て、成功している知人のタイムラインを読み耽ってしまい、勝手に自分の生活と比較してしまい落ち込む。その落ち込みが次の感情トリガーとなり、紛らわせようとお酒を飲んだりタバコを吸ったりする。あるいは冷蔵庫に行って、備蓄している糖分や塩分が高いスナックを食べてしまう。しかしダイエット中だったりして、スナックを思わず食べすぎたことに罪悪感が生まれる。罪悪感が次の感情トリガーとなり、ストレスを解消したくてYouTubeを見続ける。ようやく気分転換できたから仕事でもしようかな、と思うけれどもう疲れていて集中できない……。

そう、**ミスディレクションのドミノ倒しが起こっている**のです。

環境トリガーは、原因となる視覚・聴覚の刺激を取り除けば、対処できます。
しかし、思考トリガー、感情トリガーは、あなたの内側からやってくるものなので、人生から取り除くことができません。
そのため、気づいて、対処するスキルを身につけるしか対抗策がありません。

では、どうやって、この内側のトリガーに気をつけられるのでしょうか。

それには、**気づく力を上げるために、
マインドフルネスという注意力の筋トレをすることが大切です。**

注意力の筋トレ「マインドフルネス」

マインドフルネス は、注意をコントロールする「筋トレ」です。
「筋トレ」といっているのは理由があります。

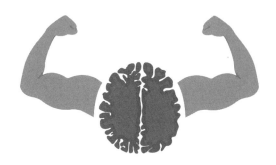

筋トレをしたら筋肉が肥大するのと同じように、マインドフルネスをすると、脳の前頭前野という「注意力」を司る部位が肥大化するのです！研究では８週間毎日続けると、脳の画像を撮ってもわかるくらい明らかに肥大化することがわかっています。その結果、欲望に打ち勝つ自制心や集中力が高まることが明らかになっています。

つまり、筋肉がつくことで、あらゆるトリガーに負けない強い脳に変化するのです。

このマインドフルネスでは、
３つのトリガーに囚われてミスディレクションされそうになった時、それに気づいて、その度に呼吸に注意を戻すという訓練をしていきます。

まず、目をつぶって、呼吸に注意を向けます。

何か環境の音が気になっていることに気づいたら、それに囚われず、呼吸に注意を戻します。

同様に、何か頭の中で考えが浮かんでいることに気づいたら、それに囚われず、注意を呼吸に戻します。

同様に、何か衝動や感情が浮かんでいることに気づいたら、それに囚われず、呼吸に注意を戻します。

ひたすら呼吸に注意を戻す、注意力の筋トレのようなものです。

ただ、これを繰り返せば完全に呼吸だけに注意できるようになるか、と言われるとそういうものではありません。

よく、雑念がなくなるのか、と聞かれますが、なくなりません。どれだけ筋トレしても雑念は残ります。

なぜなら、思考や感情は消えるものではなく、天気のように移ろいゆくものだからです。

ですから、雑念が問題なのではなく、そこに注意を取られることが問題なのです。

そのため、注意が取られているのに気づき、気にせず、注意を呼吸に戻すという訓練をしていくことで、雑念に囚われない脳にするというのが趣旨です。

１回注意を戻せれば、１回腕立てふせしたのと同じです。
10回注意を戻せれば、10回腕立てふせしたのと同じです。

注意が別のところにいきまくってしまう人は、それだけ筋トレのチャンスが多いということです。

こうして、筋トレを続けていくと、だんだん雑念の量も減っていきますし、注意を戻すためのスピードも速くなっていきます。

呼吸に注意する訓練をしていくことで、セルフコントロール能力が飛躍的に上がり、自制心や我慢もできるようになります。

例えば、コンビニでケーキを買いたい衝動にかられたとしても、その衝動に気づいて、それに囚われず、我慢してコンビニを脱出する！　というようにミスディレクションを打ち破れるようになります。

筋肉がつくことで、あらゆるトリガーに負けない強い脳に変化します。

実際に、少しやってみましょう。

Exercise　マインドフルネス

STEP1：深呼吸をします。
　　　　両手をお腹に当てて、お腹が膨らんだり、しぼんだりする感覚を
　　　　手のひらで感じましょう。実際に動いている様子を感じます。

STEP2：感じられたら、今度は手を離した状態で、お腹の感覚を同じよう
　　　　に感じられるか試します。感じられるまで、ゆっくり呼吸をしま
　　　　しょう。

STEP3：お腹の感覚を感じられるようになったら、3分間目をつぶります。
　　　　目をつぶった状態で、全集中をお腹が膨らんだり、しぼんだりす
　　　　る感覚に向けます。

STEP4：何かの物音や、環境音、あるいは痒くなったりムズムズしたりす
　　　　る気になる感覚がやってくるかもしれませんが、意識の中心は、
　　　　呼吸に戻します。
　　　　何か、頭で考えが浮かんでいることに気づいたら、それに因われ
　　　　ず、考えが浮かんだことを責めることなく、また呼吸に注意を戻
　　　　します。

STEP5：3分経ったら、目を開けてこの場に戻ってきます。

という訓練になります。
これを一日3分でいいので継続していくことで、ミスディレクションを打
ち破る注意の筋肉が手に入ります。

欲望や衝動、自分の気持ちに負けやすい人は、このマインドフルネスで基礎となる注意の筋肉を鍛えるのがよいでしょう。

こちらに、マインドフルネスのかんたん音声ガイダンスもご用意しました。
ぜひ毎日寝る前にやってみてください。

shogoshimura.com/book2

 ## ネガティブな幻想を打ち破る

マインドフルネスでは、思考トリガーに囚われないのが大切です。

マインドフルネスをする中で、
「ああ、もう嫌だな」「人間関係が辛い」「将来どうしよう。俺の人生」
というような考えが浮かんだりする時もあるでしょう。

例えばこんな考えが浮かんだとします。

「やっぱり誰も私のことを必要としてくれてない」

しかし、これはただの思考トリガーです。
その思考が真実かどうかはどうでもいいのです。

その思考にミスディレクションされてしまえば、あなたは延々と、過去のあなたを振ったり裏切ったりした人たちに思いを巡らせ、不安や虚しさを感じてしまい、目の前にお酒の瓶が見えたら、ヤケ酒に走ってしまうかもしれません（環境トリガー）。

他にもっと充実できるような時間の使い方ができるかもしれないのに、あなたは思考にミスディレクションされて、ネガティブなほうにばかり注意が向いてしまいます。

「いやいや、そんな正論を言われても困る。確かにやりたいことができたらいいけど、私は本当に誰からも必要とされていなくて、辛いんだ。そんなことをする気分になれないんだ」
と反応する人も中にはいるでしょう。

しかし、声を大にして言いますが、
それこそが思考トリガーなのです。

今、あなたの頭の中にそういう考えの雲が浮かんだわけです。

「そんな正論言われても困る」「辛いんだ。そんなことをする気分になれないんだ」という浮かんでいる思考トリガーに取り憑かれ、注意をもっていかれればその思考が現実になるわけです。

ここに、注意の分岐点があるのです。

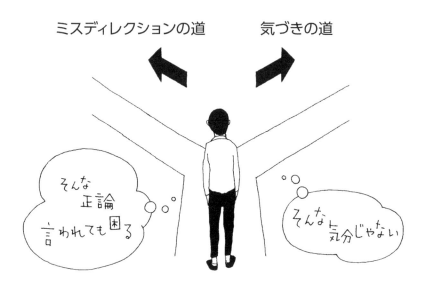

今、この瞬間にも、あなたは注意の分岐点に立っています。

もしあなたがミスディレクションに気づき、思考トリガーを無視して、自分の大事なことに時間を使えば、思考トリガーはいつか過ぎ去ります。空に浮いている雲が流れていくのと同じで、時間が経てば思考も流れていくのです。しかしミスディレクションに囚われたら、ずーっとその雲

を目で追ってしまうのです。マインドフルネスを行っていくことで、この思考から注意を戻す筋肉が養われていきます。

しかし、それでも、ネガティブなあなたは、
「いやいや、私は本当に誰からも必要とされていなくて辛いんだ。そんなことをする気分になれないんだ」
と言うかもしれません。しかし実は、
その思考が真実かどうかはどうでもいいのです。

そんなふうに、「誰からも必要とされてない」という考えは、本当に真実と思えるかもしれません。けれど、その考えを持ち続けることは、あなたの人生の役に立っていますか？

もしその考えを持つことが役に立っているなら持ち続けてもいいでしょう。でも余計に辛くなったり、何もする気分になれなくなるなら、その考えをスルーすればよいのです。

思考は、空に浮かぶ雲にすぎません。
思考はあなた自身ではありません。あなたの中を浮かんだり消えたりするものです。正しく見えても、無視すればよいのです。

浮かんでくる思考とは、まるで壊れたラジオが鳴っているようなもので、後ろでBGMとして思考を流しておけばいいのです。マジシャンが言う、「あ！　UFOだ！」というのを真に受ければ後ろを振り返りミスディレクションされてしまいますし、真に受けなければ、ちゃんとマジシャンの手元を凝視して、トリックを見破ることができるのです。

これは、他の思考パターンでも同じです。

「自分に本当にできるんだろうか」
「自分は最低だ……生きてる意味ない」
「これが成功しないと人生終わりだ」
「嫌われてるのかなぁ」
「やっぱり才能なんてないんだ……」

といった考えに振り回されている時。
どんなにその考えが真実に思えても、
それは、全部無意識の繰り出すトリックです！

それを真実だ！　と思い込んでしまっているだけ。イリュージョンです。

全て解釈ですし、勝手に浮かび上がってきている雲にすぎません。

確かに、どんなに真実と思えるかわかりません。
けれど、それはあくまで雲なのです。

例えていうなら、腕立てふせをあなたがしているのをイメージしてください。限界ギリギリまで腕立てふせをします。そこで「もう無理だ、限界だ……！」という声が心の中で鳴り響いたとします。その「無理だ」という声をあなたは無視して、あと1回、2回とこなすことができるはず。それと同じです。本当に無理なわけではなく、「無理だ」という声が鳴っているだけなのです。声に従ってしまえば、あなたは思考トリガーでミスディレクションされ、声の言うがまま腕立てふせをやめてしまいます。

全て、真実ではなく、頭の中の声は、ただの解釈にすぎないのです。
ただ浮かんできているだけ。

そして覚えておいてください。その思考が真実かどうかはどうでもいいのです。
真実だと思うことが役に立っていますか？　そのせいでネガティブな気持ちになり、前に進んでいないなら、どうか真に受けないでください。

思考に囚われるかどうか、ミスディレクションされるかどうかはあなたが選ぶことができます。
少し、試してみましょう。

Exercise　マインドフルネス 2

何か一つ、頭によく浮かぶネガティブな自己評価を言葉にしてください。
例えば、「私は負け組だ」「私はバカだ！」「人目を気にしてる」「私はダメだ」
というふうに。

いつも、自分の頭の中で繰り返し浮かんできてしまうような、批判する言
葉です。
一つ、「私は○○だ」というふうに決めて、

その言葉を、嚙み締めてください。
ちゃんと嚙み締めて、ネガティブな状態になってみてください。

もし思いつかない人は、「私は十分じゃない」と唱えてもいいでしょう。

ちゃんと味わうと、不快な気持ちがやってくるでしょう。

嫌な気持ちが浮かんでくるくらい、自分に強く言い聞かせてみてください。
言い聞かせましたか？　体で感じてください。

少し辛いかもしれませんが、
ピークまで、100% その嫌な気持ちを感じてください。
……感じられましたか？

逃げずに、避けようとせずに、その感覚と共に数秒いてください。

　1……2……3……

そしたら、
「私は○○だ」と唱えている呪文を、
「"私は○○だ"と決めつけている」という形に静かに言い直してみてください。

どうでしょう？　少し楽になった気がしませんか？
そしたら次は、
「"私は○○だ"と決めつけていることに、今気づいている」と唱えてみてください。

そうするとどうでしょうか。さっきより嫌な気持ちが薄れて、思考と距離が取れている感じがしませんか？

こういうふうに思考に「と決めつけている」「と決めつけていることに、今気づいている」と付け加えるだけで、ネガティブな考えに囚われていると気づけるでしょう。

もちろん、思考は大切です。私たちは思考するから、戦略を立てビジョンを描くことができます。しかし、結果がはっきりしないことや、また考えてもしょうがないことを延々と考えていたら、余計に落ち込んでしまいます。思考トリガーに引っ張られてしまえば「心ここにあらず」になります。

なので、そういう考えが浮かんだ時に「あ、今考えが浮かんでる」と意識のフォーカスに気づいて、その考えが良い悪いと判断をせずに、呼吸に注意を戻しましょう。呼吸を意識しやすくするため、初めは深呼吸をするのもよいでしょう。

思考トリガーに引っかかってしまうと、心の病気になってしまうこともあります。
うつ病の人は、反芻という「なんでこんなことしちゃったんだろう」と自分を批判したり、繰り返しネガティブなことをぐるぐる考えてしまう思考をしたりするのが再発の原因と言われています。

そう、思考トリガーのミスディレクションに引っかかっている状態です。

このマインドフルネスを続けることで、「あ！　またネガティブなものに注意を向けてしまった、今に注意を戻そう」と、過去から今に注意が移り、目の前のことがだんだん楽しめるようになり、うつ状態が改善していくと言われています。この反芻というミスディレクションのパターンを変えられるかどうかが、うつ病再発予防の鍵と言われています。たとえ薬だけ飲ませても、この否定的な思考パターンが変わらなければ、再燃する可能性があるのです。

それでも、注意を戻せない

このマインドフルネスを、注意力の筋トレとして毎日続けるのはとても大切です。
でも、それでもなかなか注意を変えられないでしょう。

例えば新型コロナの自粛解除や感染拡大。気になってしまったら、ずっとそこにフォーカスが当たってしまいます。注意を切り替えようとしても、そちらばかりにフォーカスがいってしまった人はいないでしょうか。Twitter で情報をひたすら漁ったり、ニュースを調べ続けたり。リラックスするはずのプライベートの時間が、気づいたら不安との格闘の時間になってしまいます。

注意の筋肉を鍛えていくのは大切ですが、わかっていても意識を切り替えられない時はどうしたらよいのでしょうか？

次の章では、
超強烈なミスディレクションに対抗するべく、打ち破るべく、
マジシャンがどうやってミスディレクションを生み出すか、その秘密に迫ります。

3章

オートフォーカス

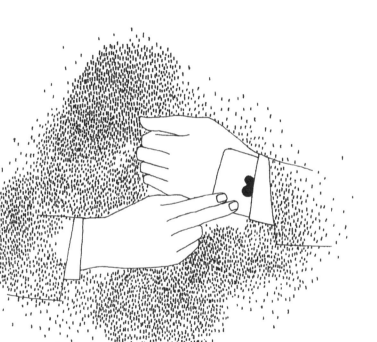

トップマジシャンが明かす、
ミスディレクションの秘密

ミスディレクションはマジシャンの必須技術です。
その中でも 20 世紀最高のミスディレクションの使い手と呼ばれている
オランダ人のマジシャンがいました。彼の名前は "トミー・ワンダー"。

彼は、数多くの著作や作品を残して 52 歳の若さでこの世を去りました。
しかし、演出やトリックに関わるものばかりで、
彼のミスディレクションについて述べた著作はありませんでした。

それが、最近彼の未発表の手記の中に「ミスディレクションの秘密」と
いうモノを書き残していたのが見つかったのです。友人のマジシャンで

あるトム・ストーンの協力のもと、マジシャン業界でついに日の目を見ることになりました。私を含め、多くのマジシャンがその日を緊張の面持ちで行っていました。

そして、手記が届いて、急いで中を見ました。
そして、私は、震えました。
彼は、ミスディレクションの秘密を一言で表したのです。

最初は意味がわからなくて、当惑し、
内容を読んでいく中で、愕然（がくぜん）とし、
そして、理解した瞬間、心の底から打ち震えました。

あなたもその秘密を読みたくありませんか？
いわば、ミスディレクションの奥義。
世界中のマジシャンが知りたがった、
達人が残した秘中の秘を知りたくありませんか？

でも、やめといたほうがいいです。もし、秘密を知ってしまったら、
ミスディレクションにあなたは引っかからなくなってしまいます。

私と同じように、マジックの裏側がわかり、意識を誘導されづらくなり、
純粋にマジックを楽しめなくなってしまいます。

それでも、タネ明かしを知りたいですか？

もし、YES、というなら、次のページをめくってみてください。

人生のタネ明かし
2

「ミスディレクション」は
存在しない。

どういう意味でしょうか。

ミスディレクションの名手トミー・ワンダーが「ミスディレクションは
存在しない」と言ったのです。

先ほど私は、「ミスディレクションとは、間違った方向に注意をそらす
テクニック」と説明しました。しかし、これは半分正解で、半分誤りな
のです。

実は、マジシャンは、注意を無理やりコントロールしているわけではな
いのです。
いえ、三流のマジシャンは注意を身振り手振りや言葉で無理やりコント
ロールしようとします。

次の図のように。

こうすると、一部の観客は誘導されて、指をさされた方向を見るでしょう。

しかし、残りの人はマジシャンの裏の意図に気づき、騙されず注意を変えません。そのため、観客の注意を誘導しきれず、バレてしまいます。

しかし、達人クラス、トミー・ワンダーは違います。
彼は、注意をコントロールしません。彼は、タネをミスディレクションで隠そうとすると余計に、タネに観客の意識が向いてしまうことに気づきました。それでは、タネを影に隠そうとするどころか、タネに意識の光が当たってしまいます。

そこでトミー・ワンダーは、逆のアプローチをしました。
彼は、**影を無理やり作ろうとしたのではなく、今ある光をより強くすることにしたのです。**

「光をより強くする」とは、より強い興味の対象を作る、ということ。それがトミー・ワンダーのミスディレクションの秘密でした。

彼はより強い興味の対象を作ることで、観客が自然に光に注目し、自然に意識の影ができるようにしたのです。

自然と生まれた影の中にタネを隠せば絶対にバレないと彼は気づきました。

 ## あなたが知らない、意識の秘密

そして、このミスディレクションの秘密、
「ミスディレクションは存在しない」
は、マジックを上達させるだけでなく、我々が、無意識のミスディレクションを打ち破ることにも応用できます。

思考を無理やりコントロールすることはできません。

もし好きな人ができて、付き合えそうにないから忘れよう！　と思っても、余計に「どうしたら付き合えるかな？」なんて頭で想像が膨らんでいってしまいますよね。そこで注意を無理やり勉強に向けても、結局、勉強はうわの空。「考えないように、考えないように」と思うと余計に意識してしまいます。

なぜなら、**人のフォーカスというのは、
興味があるところに引っ張られるからです。**

好きな人にフォーカスが向いてしまう時は、

仕事・勉強　＜＜＜＜　好きな人への気持ち

と興味のバランスが傾いているのです。

この時は天秤が傾いているので、いくら意識を切り替えようと思っても
ダメです。

仕事・勉強より、好きな人への気持ちにより強い光が当たっているので、
チャンネルを替えても、また好きな人のチャンネルに切り替わってしま
います。

つまり意識は、ただ興味があるところにオートフォーカスするのです。

人生のタネ明かし
3

意識は、ただ興味があるところに
オートフォーカスをする。

男性の 30%は
水着の女性に夢中になって
フランシスコ・ザビエルに気がつかない

この写真と同じです。

人の注意は、興味・関心が強く向くところに、オートフォーカスします。

水着の魅力的な美女がいたら、男性はみんな振り返ってしまいますよね。あなたがスマホに釘付けの時も、美女と同じ。そちらに意識の光が当たっています。多くの人にとって仕事や勉強よりもスマホのほうが面白く興味深いため、スマホにフォーカスがいき、気づいたらミスディレクションされてしまうのです。

つまり、ついつい後回しにしてしまう仕事や勉強があるなら、それは興味が持てていないということ。

その時は興味・関心が、

仕事・勉強　＜＜＜＜＜＜ その他
　　　　　　（SNS、ゲーム、漫画、テレビなど）

という状態になっています。
その結果、気づいたら、その他にオートフォーカスしています。

その他に強い光が当たってしまい、勉強や仕事が影になっています。
ミスディレクションが起こっています。

その時、無理やり勉強や仕事に集中しようとしても、うまくいかないでしょう。我慢できず、より興味がある楽しいほうへフォーカスがいきます。無理やり意識をコントロールすることはできません。

たとえSNSやゲームを消したとしても、仕事や勉強に戻れないでしょう。代わりに漫画に走ったり、テレビに走ったりします。「ああ、またやっちゃったなぁ。今度こそスマホをいじらないようにしなきゃ」と考えても無駄です。影をなくそうなくそうと努力することで、余計にスマホに光が当たってしまいます。オートフォーカスによりミスディレクションが起こります。

意識は、ただ興味があるところにオートフォーカスをするのです。

あなたの意識のフォーカスをコントロールしようと思ったら、
影を消そうとするのではなく、望む光を強める必要があります。

つまり、ゲームやSNSを取り除こうとするのではなく、
勉強や仕事に、より強い光を当てる方法を考えればいいのです。

あなたの強い興味を、勉強や仕事に関係づければいいのです。
そうすれば、

興味・関心が、

仕事・勉強　＜＜＜＜＜　ゲーム、漫画、SNS、YouTube

となっているのから、

仕事・勉強　＞＞＞＞＞　ゲーム、漫画、SNS、YouTube

と変えることができます。

さらに、強い興味をミッションと呼ばれるような人生の目的にまで昇華できれば、

となり、わき目も振らずに熱心に取り組むことができるわけです。

イチローにとっての野球や、羽生結弦のフィギュアスケート、スティーブ・ジョブズのイノベーションに対する執念などは、このようにミッションに強烈なオートフォーカスが利いているので、専念できるわけです。「努力は、情熱には勝てない」とよく言われますが、まさにその通り。興味があるものを仕事にすれば、自然とオートフォーカスできるからなのです。

一方、興味は何もポジティブなものだけでなく、ネガティブなものにも向きます。

例えば、癌の患者さん。「なんで俺は癌になってしまったんだろう」と延々と塞ぎ込んでいる人がいるとします。その人に「クヨクヨ考えず、少しは気分転換してみたら？」と言ってもなかなかうまくいきません。

オートフォーカスが「なんで癌になっちゃったんだろう」というところにあるからです。「癌」チャンネルをずーっと視聴しているわけです。

この「癌」チャンネルを見ている患者さんは、答えなど出ないスピリチュアルな悩み・不安に、強い興味・関心があるのです。そちらに、強い光が当たってしまい、他のことは影になってしまいます。
その結果、注意を切り替えようと思っても上手く切り替えられません。

人の注意は、興味・関心が強いところにオートフォーカスします。

恐怖症で飛行機に乗るのが怖い人は、飛行機に乗っている間、我々が普通に読書や映画を楽しんでいる間、落ちたらどうしようと「不安」チャンネルにずっとオートフォーカスしています。その結果映画や読書をしてもずっとうわの空。その時は、

という状態でしょう。

あるいは別の例。「寂しいのが嫌だ」という人がいれば、そこに強い関心が湧き、意識がいつも寂しくならないことばかり考えてしまいます。

寂しくならないこと　＞＞＞＞＞＞＞＞＞＞
＞＞＞＞＞＞＞＞＞＞＞＞＞＞＞＞＞＞＞＞＞＞＞＞
＞＞＞＞＞＞＞＞＞＞＞＞＞＞＞＞＞＞＞＞＞＞＞＞＞＞＞＞
＞＞＞＞＞＞＞＞＞＞＞＞＞＞＞＞＞＞＞＞　それ以外

そのためスケジュール帳を常に人と会う予定で埋めたり、LINE していないと落ち着かなかったり。寂しくならないことにオートフォーカスが向いてしまうため、一人で読書をしていても、すぐにスマホに手が伸びてしまいます。こうなると環境トリガー、思考トリガー、感情トリガーを打ち破るのが難しくなります。

このオートフォーカスが間違った方向に向いていると、いくら気をつけていても、騙されてしまいます。
私たちが心に振り回されてしまうのは、無意識にこのオートフォーカス機能が備わっているからなのです。

あなたの興味が、良くも悪くも、あなたの注意を決定しているのです。

そして実は、この**興味の強さは「！」「？」「C」の3種類に分類できます。**

！ ＜ ？ ＜ C の順で、オートフォーカスは強くなっていきます。

この強さの3段階を見ていきましょう。

 ## 「！」は動物も人も惹きつける

「！」はちょっとした意外性、驚きのことを言います。

私たちは、「！」をもたらすものに興味を持ち、オートフォーカスします。

光るもの、動くもの、大きな音など、「！」となるものには、誰でも興味が湧くものです。そのため誰でも自動的に意識が向いてしまいます。

例えば、意中の人がいる女性の読者は、顔まわりに光るものや揺れ動くアイテムを身につけてみると、より相手の注意を惹きつけられます。すると相手が「あれ、いつの間にか彼女の顔ばかり見ている……もしかしたら好きなのかも？」と、いい感じに思い込んでくれるわけです。

人は自分の解釈は疑わないもの。「好きなのかも」と思い込むと余計にフォーカスがあたり、やっぱり好きだと確信してしまう、良い連鎖ができます。

こういった、「！」と驚きを感じるものには自然と興味が向いてしまいます。
意識していても、スマホに注意をもっていかれてしまうのは、この「！」のせいです。画面で、光、動き、音が流れていれば、そちらに「！」と注意をミスディレクションされてしまいます。

「！」は、人だけでなく動物もオートフォーカスします。

花はビビッドな色使いをして、蜜蜂の興味を惹きおびき寄せています。
猿は大声を出して、仲間の注意を惹き危険を知らせます。
孔雀のオスは自慢の光る羽を広げることで、メスの興味を惹き求愛します。

動物も、「！」と意外性や驚きがあるところにオートフォーカスするのです。

「？」は、さらに強烈に人を惹きつける

動物も人間も、「！」にオートフォーカスします。
しかし、動物にはなく、人間にしかないオートフォーカスもあります。
それが「？」です。

この箱を見ても、動物にとって「？」はただのインクのシミに過ぎません。
しかしあなたは「？」の中身、気になりませんか？

「？」とは、疑問、好奇心、謎を意味します。

マジックやクイズ、ミステリーを人が好きなのはそこですよね。
「？」は常にオートフォーカスを作ります。
あなたが人の興味を惹きたいなら、フォーカスを集めたいなら、
この「？を作る」ということをし続ければいいのです。

例えば「精神科医でマジシャン」と私が自己紹介すれば「え、なんで精
神科医とマジシャンなの？」と頭に「？」が生まれるわけです。

恋愛で「押して引く」なんて法則がありますが、これも「？」へのオートフォーカス。

「……自分のこと好きなのかな？　それとも嫌いなのかな？　どっちなんだろう？？」とわからない状況では、ずっと相手のことを意識してしまいます。

「？」を作れば、相手のオートフォーカスを集めることができます。
ミステリアスな人に惹かれるのは、この「？」に興味がいくというカラクリなのです。そして「？」が解消されると、疑問がなくなり、興味・関心もなくなります。謎解きをし終わったら、その謎についてはもう考えませんよね。

この純粋な「？」による興味は、「知的好奇心」と呼ばれています。
もっと知りたい、もっと探究したいという時は、ずっと頭に「？」が湧いているものです。

人の注意は、興味が強く向くところに、オートフォーカスします。
そして、興味がないところには、フォーカスしません。

悩んでいる時は、頭に「？」がたくさん浮かんでいるため、悩みをどう解決するか気になってしまいます。

そして、「！」と「？」よりもっと強いものが「C」によるオートフォーカスです。

「C」は最強のオートフォーカス

Cは、私が作った、欠乏感を意味する記号です。
「欠乏感」は最強のオートフォーカスを作ります。

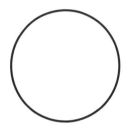 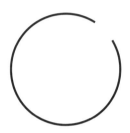

上の図を見てください。
右と左、どっちのほうが気になりますか？

右のほうがなんだか意味深ですよね。
ほとんどの人が、右のほうが気になるはずです。

なんで気になるのでしょうか。
左とは違い、欠けていて、違和感があるからです。

人は欠けているモノに、オートフォーカスされます。

例えば、失恋。失恋した時は他のことを何も考えられなくなって、ずっと失恋にフォーカスが向きませんか？　これも、欠乏感にオートフォーカスされているんです。

ノースウエスタン大学の研究によると、人が失恋で傷つく理由は、好きな人と一緒にいるとその好きな人も自分のアイデンティティになり、自分の性格や自分の体と同じような状態になり、失恋すると、自分の一部がなくなったように感じるからだそうです。つまり、**失恋で傷つくのは自分のアイデンティティを喪失したから**。そして、自分のアイデンティティを喪失したため、欠乏感が生まれ、失恋ばかり意識してしまうのです。

別の例です。それまで全く健康に気を使わない、飲酒・喫煙やりたい放題なおじさんがいたとします。そのおじさんが、ある日健康診断で異常を指摘され、精査の結果医師に「肺癌です」と宣告されたらどうでしょうか。その人は健康を失ったと感じ、欠乏感から強烈なオートフォーカスが「健康」に向かうでしょう。

それまで気にしてなかった食事の質も気にするようになり、あれだけ好きだったタバコやお酒は控えるようになり、健康サプリを買い始めるかもしれません。

この人は「健康」が欠けたと感じたため、健康にばかり注意がいくようになります。

欠乏感は、「それに飢えている」といってもいいでしょう。
飢えているため、超強力なオートフォーカスになります。

丸3日間、何にも食べてなくて「飢えていれば」、あなたのオートフォーカスは常時ご飯になり得るものに向かうはずです。しかし、満腹の時ご飯屋さんを探そうとは思わないはずです。

また、生活費が足りない時は、ずっとお金のことばかり考えてしまいます。どうやって稼ごう、と。その時は、お金に「飢えているのです」。

常に不安を解消しようとする人は、本当の安心に飢えています。
常に恋愛を意識している人は、本当の愛に飢えています。
常に向上心を持って頑張っている人は、本当の結果に飢えています。

飢えている状態で、環境トリガー、思考トリガー、感情トリガーを無視しようとしても難しいですよね。目の前に食べ物があれば環境トリガーで食べてしまうでしょうし、「お腹すいたなぁ」という考えが浮かんで、思考トリガーとわかっていてもそこに注意が取られてしまうでしょうし、お腹がグルグルと鳴れば感情トリガーで食べ物を探しに向かうはずです。強い欠乏感は、超強力なミスディレクションを生み出します。

あなたは、今何に飢えていますか？

飢えは、中毒とも似ています。中毒は、その刺激に飢えているということです。
SNS中毒の人はSNSに飢えています。
しかし、もしあなたがSNS中毒でも10日間の断食をした後だったら、SNSよりも食べ物に飢えるはずです。その時あなたのオートフォーカスは自然とSNSから外れます。つまり、より欠乏感を感じているものに、オートフォーカスは向くのです。

興味の優先順位で、人生が左右される

以上、「！」「？」「C」とあなたが興味を強く惹かれてしまうものについてお話ししてきました。

意識は興味あるところにオートフォーカスします。興味が注意を制御するため、興味の優先順位であなたの人生が左右されます。

しかし、実際問題オートフォーカスされる時は、無意識なので気づかないでしょう。「あ、今欠乏感に強く興味を惹かれて、注意がそちらにもっていかれているな」なんて冷静に気づけないものです。

では、どうやってオートフォーカスに気づけばよいのでしょうか。
オートフォーカスというのは、心のホームポジションのようなものです。

つまり、何もしていない時のあなたの心の状態。
ぼーっとしている時に、あなたが自動的に頭で考えてしまうもの、
頭に浮かんでくるもの。

それがあなたの今のオートフォーカスです。

ではまず、今のあなたのオートフォーカスを観察してみましょう。

Exercise 気になっているコトに、意識的に気づく

紙と鉛筆を用意します。5分タイマーをセットして、深呼吸をし続けます。
ゆっくり息を吸ったり、吐いたりしながら。
自分の心に注意を向け、待ち続けます。
待っているとあなたが気になっていることが浮かんでくるはずです。
あなたの、フォーカスが向いたことを、浮かんだ順に書き出してみましょう。
気になったことが、出なくなるまで書き出してみましょう。

Your Answer
・
・
・
・
・
・
・

例：
・あした提出の書類作らないとなぁ
・うわ、○○さんにまだ返信してない、嫌だなぁ
・来週のデート楽しみだな、どこに行こうかな
・今日夜何食べようかな？？
・
・

今、書き出したものが、あなたのフォーカスです。
今、あなたのフォーカスは、書き出したものに向いています。

このオートフォーカスが浮かんでいる事柄に、あなたは日々時間を使っているわけです。

過去の出来事が浮かんできた人もいれば、直近の未来のタスク、予定が浮かんできた人も多いのではないでしょうか？

では1週間前は同じことを考えてましたか？
1ヵ月前は？
1年前は？
10年前は？

おそらく違ったことにフォーカスがあったはずです。
一瞬一瞬、フォーカスは移り変わっていきます。

人は常に気になったところにフォーカスが流れていきます。
そして、その長年の積み重ねが、過去の記憶であり、今までの人生でもあります。
これからの人生も、フォーカスの移り変わりが作っていきます。

私は本書の第1章で、フォーカスが現実を作ると言いました。
これは何も、捉え方だけの話ではないのです。

オートフォーカスが、人生の使い方を決める

あなたのオートフォーカスが、人生の使い方（空間・時間・お金）を決めています。

例えば空間の使い方。
あなたの身の回りには、何がありますか？

あなたの、身の回りにあるアイテムは、全てあなたのフォーカスが過去に当たっていたものです。どんなものが身の回りにあるでしょうか。

私ならば、医師なので精神医学の本や洋書が本棚にずらり。そしてマジシャンなのでマジック道具や衣装がたくさん置いてあります。パフォーマーとしての体を維持するためのトランポリンやヨガマットが置いてあります。強い興味・関心があるアイテムが、私の身近に存在しています。

漫画が大好きな人ならば、漫画がたくさん置いてあるでしょう。
アイドルの写真で埋め尽くされている人もいれば、たくさんのぬいぐるみが家に飾ってある人もいるでしょう。

あなたのフォーカスが向く先に必要なものが、あなたの空間を占めているはずです。
逆に言えば、身の回りにあるアイテムの意味を深掘りすれば、あなたのオートフォーカスが何かがわかるわけです。

例えば時間の使い方。
あなたは、何に時間を使っていますか？

あなたがフォーカスを向けているものに、あなたは時間を使っています。

私なら、メンタルトレーニング、マジックショー、執筆、に時間が使われます。
飲み会に参加していたとしても、マジックをするか、メンタルトレーニングをしています。
気づいたら隣の人に自己紹介がてら見せたマジックから、人がどんどん集まってきて、飲み会30人全体でのマジックショーに、そこからメンタルについての講演へと展開していき、気づいたらメンタルトレーニング・ライブショーになっていることなどしょっちゅうです。
好きな人とデートしていても、いつの間にかマジックを見せるか、悩み相談に乗っていることが多いです。

商談や打ち合わせの場所などでも、気づいたらマジックからの悩み相談からのメンタルトレーニング。
テレビでも、診療の現場でも、メンタルトレーニング、マジックショーをしています。

どんな場所であっても、あなたがフォーカスを向けているものに、時間を使うわけです。

え、メンタルトレーニングとマジックショー以外に時間使わないんですか？

と聞かれます。もちろん他のことにも時間を使っています。

しかし仮に映画やドラマを見ても、結局はマジックのネタ探し。あるいはショー構成や脚本の勉強になってしまっています。

ウィンドウショッピングしていても、マジックの道具になりそうなものを物色しています。身につける服ですらも、意図・意味を深掘りしていくと、やはりマジックにフォーカスしており、新しい「衣装」を買っていたのです。

もしあなたが、「ファッション」にフォーカスを向けていれば
ウィンドウショッピングやネットでのEC サイト巡回に時間を使います。
「悩み」にフォーカスしていれば、Google で解決法を調べるのに時間を使ったり、友達に相談をするのに時間を使ったりするでしょう。会議やパーティの場にいても、常にうわの空で「悩み」を考えることに時間を使ってしまいます。

「家族」にフォーカスを向けていれば、もしかしたら家族を養うためのお金を稼ぐために、やりたいわけではない仕事をすることに時間を使っているかもしれません。

意図・意味を深掘りしていけば、あなたの時間の使い方から、あなたのフォーカスを見出すことができるでしょう。

同じ「旅行」という時間の使い方をしている人でも、意図・意味を深掘りしていくと全然違うオートフォーカスをしている可能性があります。Aさんは「旅行とは未知の冒険である」と思っていて、Bさんは「旅行とは、予め立てた計画通りに観光するものだ」と思っていたら、同じ「旅行」という時間の使い方でも全然違うオートフォーカスを持っているわけです。この2人が一緒に旅に出かけたらおそらく喧嘩しますよね(笑)。

あなたが使っている時間の使い方の意味を、しっかり深掘りすると、あなたのオートフォーカスが見えてきます。

例えばお金の使い方。
あなたは何にお金を使っていますか?

私であれば、マジックの制作費、開発費、衣装にもっともお金が使われています。
そして精神医学や臨床心理学の本やワークショップの準備にお金を使っています。

「安心」にフォーカスを向けている人は、保険や貯蓄にお金を使っているでしょう。銀行口座の残高を見れば安心し、残高が減っていけば貯蓄額をどうやって増やすかという工面や節約のことにずっと注意が向くでしょう。

「家族」にフォーカスを向けている人は、家族旅行や、家族との外食にお金を使うでしょう。代わりに自分の飲み代にはお金はあまり使わないかもしれません。

人生のタネ明かし
4

**あなたのオートフォーカスが、
人生の使い方
（空間・時間・お金）を
決めている。**

「子供」にフォーカスが向いている人は、
子供の塾などの教育費を他の人より多く払っているでしょう。
私たちは、フォーカスが向いているものにお金を払うのです。
現に子供が生まれても教育費にお金を使わず、ブランドバッグやパチンコにお金を投じる人もいるでしょう。その人の場合は「この瞬間の自分の高揚感」に何よりもフォーカスが向いています。

あなたのオートフォーカスが、
空間の使い方、
時間の使い方、
お金の使い方を
決めています。

**あなたのフォーカスが、
あなたの人生を創り出しています。**

自分の空間、時間、お金の使い方を見つめることで、
あなたのオートフォーカスを見つめることができます。

それではここでもちょっとしたエクササイズをしてみましょう。

Exercise   オートフォーカスを特定する

それぞれの質問に、客観的に答えていきます。

Q1. あなたは、身の回りの空間に何を多く持っていますか？

モノを多いもの順に書き出していきます。
特に毎日使っているもの、いつも側にある重要なものはなんですか？
それぞれのモノには、どんな役割がありますか？
なぜ、それを持っているのですか？

（部屋には服が多いのか、本が多いのか。本ならどういう役割がある本なのか。身の回りにあるものそれぞれの「理由」を考えていきましょう。例えば同じ「スマホ」でも人によって、人との繋がり／情報収集／娯楽といろいろな役割があるでしょう。あなたの使い方にどういう意図・意味があるのか、という深掘りをしましょう）

Q2. あなたは、起きている時間をどんなことに多く使っていますか？

使っている時間を、多いもの順に書き出していきます。
それぞれの時間には、どんな役割がありますか？
なぜ、それに時間を使っているのですか？

（仕事、と書く人は多いでしょう。その場合は、営業、メール対応、会議、などもう少し細分化します。それぞれにどういう意図・意味があるのか深掘りします。ただの「金稼ぎ」なのか、それとも「人助け」をしたいのか、それとも「創造性」が大切なのか、など。起きてから寝るまでにあなたが何をしているか書き出します）

Q3. あなたは、自分が得たお金をどんなことに多く使っていますか？

支出を多いもの順に書き出していきます。

それぞれの支出には、どんな役割がありますか？

なぜ、それにお金を使っているのですか？

（具体的に支出を書いていきます。ほとんどの人は家賃が一番大きいでしょう。その場合は家賃を払うことでどんな対価を得ているかを考えましょう。リラックスのためなのか、それともゲームのための部屋なのか、映画ばかりみる人なら家賃の大半は映画館として使っているようなもの。なんのためにそこの場所のそこの家に住んでいるのでしょうか）

Q4. Q1-Q3で出た答えの共通点を考えます。

本当の本当には、あなたは、何にオートフォーカス（興味の焦点）しているのでしょう。どんな共通点に「空間、時間、お金」を使っているのでしょう。

Answer. 分析してみると、私は ＿＿＿＿＿＿＿＿ に興味があるようだ。

（多くの人は3〜6個ほどの興味のパターンにまとめられるでしょう。例：「冒険すること」「人との繋がり」「美と健康」「ファッション」「人間的成長」「芸術」「クリエイティブ」「何かを集めること」「人に教えること」などなど。とりわけこだわりが強い人なら、さかなクンの「魚」、イチローの「野球」のように一つのことに全ての興味を注ぎ込んでいる人もいるかもしれません）

（「私は幸せに興味がある」と書くとまとめすぎです。誰でも幸福に興味があるのですから。「あなたが幸せになるためにどう空間・時間・お金を使ってきたのか」ともう少し具体的な興味に絞ってみましょう）

エクササイズで今出したものが、あなたが今まで長年ほとんどの興味と注意を向けていたものです。そのため、あなたは身の回りにそれにまつわるものを置き、時間をそれに使い、お金をそれに使ってきたわけです。

しかし、必ずしも、**興味が向いているものが、望む人生と一致するとは限りません。**

今あなたが充実感を感じているなら、興味と人生が一致しているはずです。しかし充実感を感じられていないなら、どこかチグハグで、身の回りのものや時間の使い方も本当に人生でしたいことと、ずれているかもしれません。

もし虚しさがあるなら、ミスディレクションによって、あなたは心の宝物を覆い隠して奥にしまい込んでいます。代わりに何か、本当にしたいわけではない別の表面的なものにあなたのオートフォーカスは当たっています。

本当に大切なこと　＞＞＞＞＞　その他

にしたいのに、中には、

本当に大切にしたいこと　＜＜＜＜＜　目の前の快楽
（テレビ、SNS、ゲーム、酒、タバコ、SEX、恋愛、ギャンブル、買い物、やけ食いなど）

と目の前の快楽に囚われて中毒になっている人も。そうなっていれば、自分の人生なのに、自分じゃないような感じがしているのではないでしょうか。

あるいは、

本当に大切にしたいこと　＜＜＜＜＜　人の目を気にすること

にフォーカスが向いてしまっていて、いつしか本当の自分のキモチがわからなくなってしまっている人もいるかもしれません。
そうなっていれば、スケジュール帳をひらくと、自分の時間なのに他人の予定で埋まっているはずです。本当は No と断ればよかった内容で、人生が埋まっていっているのです。

あなたが興味の優先順位の高いもので自分の人生を埋めないと、興味が持てないもので人生が埋まっていきます。
本質的には大切ではない事柄で人生が埋まっていきます。

あなたのオートフォーカスが、今の生活には表れています。

もし心に振り回されていたり、日常に充実感がないのだとしたら、
あなたは間違ったところにオートフォーカスを向けてしまっている可能性があります。

実は、精神医学的には「**最高に楽しめる物語**」になるために絶対に向け**てはいけない、間違ったオートフォーカスがある**のです。

もし、その絶対に向けてはいけないフォーカスをしていたら、穴の空いたバケツに水を注ぎ続けるようなもので、決して満たされず、充実感が訪れません。それどころか、いつまでたっても満たされない欠乏感からずーっと誤った方向にオートフォーカスされてしまいます。

次の章では、そんな絶対に向けてはいけない間違ったオートフォーカスにはどんなものがあるかお話ししていきます。

4章

間違ったオートフォーカス

「自分がコントロールできないこと」に
フォーカスしない

3章では実はミスディレクションは存在せず、ただ意識は興味があるところにオートフォーカスするだけ、という話をしてきました。

もちろん、さかなクンの「魚」に対するオートフォーカス、イチローの「野球」に対するオートフォーカスのように、何かにものすごく強烈な執念といってもいい興味を抱いていて、いい方向に光が当たっている人もいるでしょう。

でも、中には本当は**フォーカスを当ててはいけない**、間違った興味の持ち方が存在するのです。ここでいう間違ったというのは「精神医学的には、そちらに興味を向けていては有意義で豊かな人生を送れない」という意味です。

それはどんなところか。
フォーカスを向けてはいけないのは、自分がコントロールできないものです。

自分がコントロールできないことに、興味を抱かないことが大切です。もしそこにフォーカスしてしまうと、「なんでコントロールできないのか」というところに囚われてヤキモキしてしまいます。

どんなものがコントロールできないのでしょう。「他人」「未来」「思考・感情」の３つがあります。

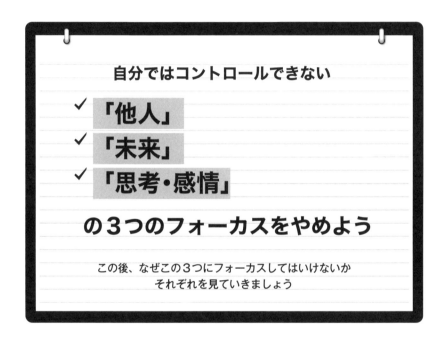

「他人」はコントロールできない

他人の行動を変えようとすること、気持ちを変えようとすること、考え方を変えようとすることにフォーカスしてはいけません。

私たちはついつい相手に期待してしまいます。家族や同居人に、「掃除をしてほしい」「ご飯を作ってほしい」「片付けてほしい」と期待したり。

「もっと話を聞いてほしい」「理解してほしい」「自分のことをわかってほしい」「認めてほしい」「愛してほしい」「好きになってほしい」というふうに期待をしてしまいます。

しかし、**他人の気持ちも、考え方も、行動もあなたには全くコントロールすることができません。**

例えば恋愛。恋人に、愛されるかどうか、浮気されるかどうか、振られないかどうか、愛し続けてくれるかどうか、自分を嫌わないかどうか、自分を傷つけないかどうか。あなたには全くコントロールできません。どれだけ尽くしても、どれだけ大切にしても、こっぴどく振られることはありえます。

あなたがコントロールできるのは、自分の行動だけです。

あなたは「相手を振り向かせる」という行動が取れますか？

いいえ、取れません。

「振り向く」のは相手の行動だからです。もちろん、「気遣う」「挨拶をする」「料理を作る」といったように振り向かせることを狙った自分の行動は100% コントロールできますが、だからといって相手が、あなたに振り向く、とは限らないわけです。

相手のリアクションは、あくまでボーナス。
自分の行動の結果、ボーナスで他人の反応が得られます。
ボーナスに期待しすぎてはいけません。

人から尊敬されたり愛されたりするのを目標にするのはやめましょう。「尊敬する」「愛する」は相手の行動です。相手の行動はあなたが100%コントロールできるものではありません。

好きな人に LINE でメッセージを送ったとします。あなたが「他人」へフォーカスしていると、「あれ、まだ返ってこないのかな？ もしかして脈ないのかな？？」「不安だ、私はその程度の存在なのかな？？？」といろいろ考えが浮かんできて、思考トリガーでミスディレクションされてしまいます。意識を切り替えようとしても、「？」が強力なオートフォーカスになり自力で切り替えられません。結果我慢できず、まだ返事がきてないのに追撃メールを送ってしまい、ウザがられて本当に撃沈！ なんて悲劇が起こってしまうでしょう。これは相手のリアクションを期待しているから起こるのです。

もちろん相手に期待するのは当然でしょう。でも過度に期待しすぎてはいけません。そこを興味の最優先にしてしまうと、強いオートフォーカ

スが「他人の反応」に当たってしまい、あなたの意識は何をしていても相手を考えることにミスディレクションされてしまいます。これでは自分に集中できません。

恋愛だけではありません。職場でも同じです。
上司があなたを褒める、あなたを認めることもあなたにはコントロールできません。いつ叱ったり、いつ急に機嫌が悪くなって八つ当たりしたりするかもしれませんが、あなたには全くコントロールできません。同じく、部下があなたの依頼した仕事をこなすかどうかも、あなたにはコントロールできません。

他人とは天気のようなもので、天気予報では「晴れ」って言っていたのに午後からいきなり大雨が降ることだってあり得るのです。あなたにできるのは、折り畳み傘をいざという時のために準備してカバンに入れておくくらい。

突然の大雨を、あなたがコントロールして晴れにすることはできないのです。
子供が宿題をしたり片付けをしたりするかどうかもあなたにコントロールはできません。相手が指示や依頼に従うかどうかは、あなたにコントロールできないのです。

牛をあなたが水辺まで連れて行くことはできても、牛が実際に水を飲むかどうかは牛自身の意思なのですから。他人の反応にフォーカスを当ててはいけません。自分の取れる行動だけにフォーカスすることが大切です。

「未来」はコントロールできない

未来の話も、誰にもコントロールできません。

新型コロナの感染者数が何人増えるのか、医療崩壊するのか、自分の事業は倒産しないのか、いつ新型コロナが終息するのか、そうしたことは自分でコントロールできません。

もちろん「手洗いをする」「マスクをする」「融資を申し入れる」「計画を練る」といった行動はあなたが取れますが、未来の結果はあなたにはコントロールできません。

自分でコントロールできないことにフォーカスしてはいけません。社会の未来以外でも、勝負事の結果も同じです。

大会で優勝できるかどうか。金メダルを獲れるかどうか。レギュラーに選ばれるかどうか。大学受験に合格できるかどうか、推薦枠を勝ち取れるか、面接で通るか、資格試験に合格するか。

勝負の結果は、あなたにはコントロールできません。もちろん、できる限り努力することはできますが、あなたがどれだけ自分史上最高のギネス記録を叩き出しても、相手がそれ以上のギネス記録を出したら負けるのです。

他人はコントロールできないので、あなたに勝負の結果をコントロールすることはできません。あるいは採点競技であるなら採点官の心証に左右されるため、これもあなたには結果をコントロールできません。

行動の結果としてボーナスで勝つのであって、結果に強いフォーカスをおいてはいけません。

負けん気は大事ですが、負けん気が強すぎて結果に執着しすぎると、うまくいかなかった時にその分反動でメンタルがブレてしまうでしょう。

「金メダルを絶対獲るんだ！」と結果に強い興味があれば、同時に「もし獲れなかったらどうしよう」という失敗にもオートフォーカスがいきます。結果、集中できず普段はしないようなミスを連発。緊張とプレッシャーに苛まれ本番で空回りしてしまいます。

結果は、あなたではなく、「運」が支配する領域なのです。
例えば究極のシチュエーションを想像してみましょう。

実際にはありえないですが、「コイントスで裏が出たら罰ゲームで全財産没収ね」という恐ろしいゲームがあったとします。コイントスするのはあなたです。受け取るのもあなたです。逃げ出すことは設定上できません。

さあ、あなたはどうするでしょうか。

「え！！！　裏が出たら全財産没収……！？！？！？！？！？　絶対に表が出てほしい！！！　でも……もし裏になったら終わりだ、どうしよう……」とコイントスする前に延々と考え込んでしまったら、焦りや不安で頭がいっぱいになってしまうでしょう。

結果は「運」が支配する領域なのです。結果は神様にしかわかりません。コントロールできないことについて考えにふけると、不安が雪だるま式に増えていきます。不安になって感情の嵐が吹き荒れるのです。

ここまで極端ではないですが、このようにコントロールできないことを延々と心配して振り回されている人が、少なくありません。

少し厳しいことを言いますが、考えても答えが出ないことを考え続けても、一層不安になるだけです。

それよりも、気にせずにコイントスしてしまって、そのあとの対応を考えたほうが有意義でしょう。裏が出て、財産没収されたらそれをバネにどう前向きに人生を変えていこうか、と考えるわけです。

未来の結果はコントロールできません。もちろん、コイントスして空中にコインがくるくると浮かんでいる間に、タカのような眼光で空中回転しているコインの表を見極め摑み取ろうとする努力はできるでしょう。

しかし努力すること自体はコントロールできても、結果はコントロールできません。自分でコントロールできないことはすっぱり諦めたほうが、心は楽になります。天気と同じようなもので、「ああ、今日は雨だなぁ」「今日は晴れだ！」と自分でコントロールできない天気を日々楽しむ、くらいのほうが健全です。傘は準備して、おしゃれな雨具を買って、雨でもどうやったら楽しめるかを考えましょう。

結果ではなく、そこに至る過程一つ一つの行動にフォーカスを向けるのです。

そうすれば、あなたは勝負に勝てる本当の不動心を手に入れられます。

思考と感情はコントロールできない

「他人」や「未来」だけでなく、思考や感情といった心に浮かぶものも
あなたにはコントロールできません。
試していただきたいことがあります。

Exercise　思考はコントロールできない

「赤い風船」をイメージしないようにしてください。
白いタコ糸がついた赤い風船をイメージしないでください。
それが、青い空に飛んでいくところはイメージしないでください。
1個、2個、3個と赤い風船が浮かんでいるところを絶対にイメージしな
いようにしてください。

……さあ、あなたは赤い風船をイメージしないことができたでしょうか。

なかなか難しかったのではないでしょうか。
実は悩んでいる時は、これに近いことが起こっています。「この悩みを早く忘れよう」「不安な気持ち、イヤな気持ちを頭から消そう」と頑張る時、この時の「悩み」や「不安」や「イヤな気持ち」は赤い風船と同じです。私たちは悩まないようにしようと意識すればするほど注意がそちらに向いて逆にもっと悩んでしまうのです。

「今日昼に何食べようかなあ」「明日会社に行きたくないなぁ」こんな思考が浮かんでくること自体はあなたにはコントロールできません。

思考は、ただ浮かんでくるものです。雲のように。それを消そう！　消そう！　とフォーカスすると余計に囚われてしまいます。注意しなければ、自然に雲が流れていくように、思考も流れていきます（この浮かんでくる思考は前述の通り思考トリガーといいます）。

また、思考がコントロールできないのと同じように、感情自体をコントロールすることもできません。例えば、次のエクササイズを試してみましょう。

Exercise 感情はコントロールできない

足の裏が床と接している感覚を感じます。
この感覚を、今から3、2、1と数えたら意識から消してください！
では行きます。3、2、1！ 絶対に感じないようにしてください。
どれくらい感じないかというと、足の裏に画鋲が刺さっても痛くないくら
い感じないようにしてください。

……どうでしょう？ できないはずです。もちろん、注意を違うところ
に向けようとすれば、感じないかもしれませんが、感覚自体はなくなら
ないはずです。

でも、「それは感覚だから感情と違う。感情は変えられる！」と思う方
もいるかもしれません。

それでは次のエクササイズはどうですか？

Exercise 感情はコントロールできない 2

あなたが今まで出会った中で一番嫌いな人を思い出してください。
思いつかなければ、10年以上風呂に入っておらず、不潔で腐臭がして、
あなたの美的感覚からすると醜く、性格も最悪な異性あるいは同性を想
像してください。

その人を、今から好きになってください。

どうでしょう？　無理ですか？　でももしキスできたら10億円を現金であなたの銀行口座に一括で入金します、と言われたらどうでしょう。ただ、その人は10年以上歯も磨いておらず、口を近づければおぞましい腐臭がするでしょうが。舌で舐め回されるかもしれませんがキスできますか？　できたら10億円お支払いします。

どうですか？　おそらく、中にはする人もいるでしょう。しかし、キスできるからといって、本当に心からときめいて、好きになれますか？

無理でしょう。キスという行動は、私たちにはコントロールできます。しかし、感情そのものはコントロールできません。

もちろん、音楽を聴いたり、運動したり行動によって感情を動かすことはできるでしょう。それでも意図した感情に100%なるとは限りませんし、感情そのものを操作しているわけではありません。行動の結果、感情が「動いた」のです。「動かない」時もあります。

つまりあなたに100%コントロールはできないのです。

あなたは思考も感情も100%コントロールできません。
唯一100%コントロールできるのは、あなたの行動だけです。

コントロールできるものにフォーカスして、コントロールできないものはすっぱりあきらめましょう。ちゃんとあきらめられれば、あなたのオートフォーカスが変わります。

イヤな考えや、イヤな気持ちが心という空にやってきたとしても、「あーー今日はこういう天気か！　どう行動しようかな！」と受け止められるのです。

思考や感情はコントロールできません。他人や未来もあなたにはコントロールできません。唯一、あなたがとる行動だけはあなたが100%コントロールできます。

コントロールできるものに、フォーカスしましょう。

アメリカの神学者ラインホルド・ニーバー（1892–1971年）はこんな祈りを残しています。

「神よ、変えることのできないものを
静穏に受け入れる力を与えてください。

変えるべきものを変える勇気を、

そして、変えられないものと変えるべきものを
区別する賢さを与えてください」

人生のタネ明かし
5

「他人の反応」「未来の結果」
「自分の思考・感情」には囚われず
自分の行動にだけ、
フォーカスをしよう。

3つの「幸せのウソ」

さて、「他人」「未来」「思考・感情」はコントロールできない。だから自分のコントロールできないことにフォーカスせず、唯一コントロールできる「行動」にだけフォーカスしようというお話をしてきました。

自分の行動に100%フォーカスした結果、ボーナスで他人の反応が得られたり、未来の結果が変わったり、いい気持になったりするわけです。

しかし、この説明を聞いてもなかなか行動に100%フォーカスするのは難しいかもしれません。

どうしても「好きな人を振り向かせること」や、「もっと周りに尊敬されること」や「1位になること」「もう傷つかないこと」といった他人、未来、思考・感情のコントロールを意識してしまいがちです。

もし、どうしても意識を切り替えられない場合は、認知行動療法 ACT で知られている次の**3つの「幸せのウソ」にあなたが騙されている可能性があります。**

幸せのウソの考え方に囚われていると、ずーっと幸せになれず、堂々巡り、ずっと悩みにオートフォーカスが向いてしまいます。

繰り返しますが、3つの幸せのウソに騙されてはいけません。

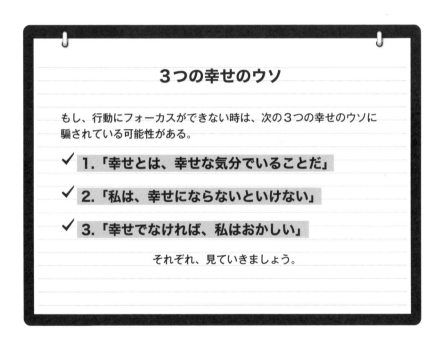

3つの幸せのウソ

もし、行動にフォーカスができない時は、次の3つの幸せのウソに騙されている可能性がある。

✓ **1.「幸せとは、幸せな気分でいることだ」**

✓ **2.「私は、幸せにならないといけない」**

✓ **3.「幸せでなければ、私はおかしい」**

それぞれ、見ていきましょう。

1つ目のウソ
「幸せとは、幸せな気分でいることだ」

これが最も大きな弊害を生むウソです。「幸せとは、幸せな気分でいること」。この考えに囚われたら、あなたは幸せになるどころか、うつ病や不安障害などになってしまうかもしれません。

幸せな気分とは、嬉しいとかハッピーな気分といったポジティブな感情のこと。
さて、幸せとは本当に嬉しいハッピーな感情でいることをいうのでしょうか？

幸せな気分は、たとえるなら、春のようなもの。春は暖かい陽気で、快適で、桜も咲いて花見や散歩を楽しむことができます。
その正反対は、真夏や真冬。真夏のジメジメした熱気や、真冬の凍える寒さには、嫌気がさすでしょう。
では、春のようなずっと快適でポジティブな気持ちでいられるなら、幸せなのでしょうか。

もしそうなのであれば、いい気分になれる麻薬を服用し続けたら幸せになれるはずです。いえ、1回注射するだけだと、切れた時に禁断症状でイヤな気分が訪れます。そこで、仮の話ですが禁断症状が出ない麻薬があったとして、点滴で永久に注射し続けている状態なら「ずーっと春のようないい気分」でいることができます。

しかし、それは本当に幸せなのでしょうか。

ずーっと春しかない１年は幸せなのでしょうか。

いいえ違います。

幸せとは、春夏秋冬をそれぞれ楽しめることです。

なぜなら、春しかない人生は存在しないからです。
言うまでもないことですが、人生は楽なことばかりではありません。
苦しいこと、悲しいこと、辛いこと、春夏秋冬全て含むのが人生です。

春夏秋冬をそれぞれ楽しめるとは、
つまり、「いい気分」だけでなくて「イヤな気分」でも楽しめる状態の
ことをいいます。

「イヤな気分」というのはイライラ、不安、悲しみ、寂しさ、悔しさ、
罪悪感、恥、その他ストレスのことをいいます。

こういうと、必ず「え！！！」とメンタルトレーニングの受講生から言
われます。
「嫌だ！　わたしは、イヤな気分なんか味わいたくない！」と。

もちろん誰でも、イヤな気持ちにはなりたくないです。私だって積極的になりたいわけではないし、少しでも不快は減ればいいと思います。しかし、全くなくせるものではありません。むしろ、イヤな気持ちを避けよう避けようとすると、人生が窮屈なものになっていきます。

人との嬉しい出会いがあれば、悲しい別れがあり、
人を期待し信じれば、裏切られ傷つくことがあり、
何かを成し遂げ尊敬されることもあれば、嫌われ批判されることもあり、
チャレンジをすれば、孤独と恐怖が必ずついてまわります。

つまり、有意義で充実した人生には、必ずイヤな気持ちがついてまわります。

そんなの絶望だ！　と思う人もいるかもしれませんが、その通り。
しかし、これは前向きな絶望なのです。

信じられないかもしれませんが、ずーっと春なのより、ずっとずっと、春夏秋冬があったほうが人生は面白いのです。

『アンパンマン』が面白いためには、必ず邪魔する「ばいきんまん」が必要なように。
「ばいきんまん」がいない『アンパンマン』は、「最高に楽しめる物語」じゃありません。

不安、悲しみ、苦しみ、挫折、痛み、恐怖、失敗。
これらは、ただ人生に存在するのであって、問題ではありません。

これらが問題となるのは、やりたいことの障害になるからではなく、
大切な人生の時間が、これらを「避けるために」使われる時です。

例えば、「不安・緊張」には物語における大切な役割があります。

武道館で１万人の前で歌うアイドルはステージに立つと、
不安にならないのでしょうか、緊張しないのでしょうか。
ステージに立つアイドルは、緊張します。不安にもなります。
しかし、彼ら彼女らは、心地よい緊張を、心地よい不安を、楽しんでいます。

不安・緊張の役割は、あなたの神経を研ぎ澄ますことです。
全神経を集中し、感動するパフォーマンスをするために不安と緊張があるのです。

もし、彼ら彼女らが、緊張を楽しめないとしたら、緊張を避けるために
人生を使い始めたら、たとえステージに立つことが夢だったとしても、
一生ステージには立てないでしょう。

同じように、「悲しみ」にも物語における大切な役割があります。
悲しい気分の時ほど、ウソを見抜く能力が高まります。
他人だけでなく、自分自身のウソも見抜け、冷静に物事を判断できるようになります。そしてこれ以上何かを失わないように、あなたにとって

本当に大切なものが何か脳に刻みつけ、あなたに欠乏感と人生の動機を
与えます。

同じように、「怒り」にも物語における大切な役割があります。
敵を倒す勇気をあなたに呼び起こし、頭の回転を速くすることができま
す。
自分にとって守りたい大切に思っているものに気づき、アドレナリンを
分泌し、闘争心を呼び起こします。

イヤな気持ちは、あなたの人生物語を面白くするスパイスなのです。

大切なことなのでもう一度書きます。
不安、悲しみ、苦しみ、挫折、痛み、恐怖、失敗。
これらが問題になるのは、これらを避けるために、
大切な人生という時間が使われてしまう時です。

例えば、「傷つくことがイヤだ」「傷つくことは避けたい！」という人が
いるとします。そのことに強い興味が当たってしまうと、

傷つかないこと　＞＞＞＞＞　恋愛すること

となってしまい、恋愛に踏み出せなくなってしまうでしょう。恋愛する
以上、必ず傷つくのはセットなのです。別れそうになって胃がぎゅーっ
と締め付けられる感覚がイヤだとしても、そのイヤな感覚からは逃げる
ことができません。恋愛には必要不可欠なスパイスです。

同様に、

・不安になること　は　人生で避けられない

・悲しくなること　は　人生で避けられない

・悔しくなること　は　人生で避けられない

・怖れ　は　人生で避けられない

のです。

そしてイヤな気持ちになることを避けられないのであれば、感情を避けずに受け入れるようになればよいのです。

では、感情を避けずに受け入れるためにどうしたらよいのでしょうか。

そもそも感情というのはいったい「どこ」にあるのでしょうか。

感情は実はカラダにあるのです。

胸がギューーッと締め付けられるような感覚を「悲しい」って呼びます。

喉が詰まり胃がムカムカするような感覚を「不安」と呼びます。

頭にカァーーッと血が上ってはらわたが煮えくりかえる感覚を「怒り」と呼びます。

感情はアタマでなくカラダにあるのです。

人生のタネ明かし
6

感情とは、
カラダに起こる感覚の波のこと。

感情とは、カラダに起こる感覚の波のようなものです。
カラダには、日々いろいろな波が訪れます。

このカラダに起こる感覚の波に逆らうことなく、
波を乗りこなすことが大切です。

「不安」という荒波、「嫉妬」という荒波、「怒り」という荒波、「悔しさ」
という荒波、「寂しさ」という荒波、「恥ずかしい」という荒波です。

もし、この荒波を感じた時は、避けようとせずに、味わうのです。
「わああ、さーーーーみーーーーしーーーーいぃぃぃぃい！！！」
「わああ、はずかーーーーしーーーー！！！」
「わああ、悔しい！！！ くやーーーーしぃ！！！！！ くぅウゥ
ウゥ！！」と。

冗談のように書いてますが、私は本気です。

もしあなたが、1つ目のウソ「幸せとは、幸せな気分でいることだ」を信じ込んでしまって騙されていたとすると、おそらく、条件反射的にイヤな気持ちに反応して避けようとしていたはずです。これが感情トリガーのミスディレクションです。

傷つくのを避けようとして、恋愛するのをやめてしまったり、
恥ずかしくなりたくないから、何も挑戦しなくなってしまったり、
不安になりたくないから、いつも未来の心配ばかりしていたり、
ストレスを感じたくないから、ストレスを感じたらいつも暴飲暴食してしまったり。
あなたには、苦手なカラダの感覚の波のパターンがあるだけなのです。

そしてその苦手な波のパターンには慣れることができます。

下の感情リストの中で、あなたには苦手な感覚の波のパターンはありますか？

もし、リストの中に絶対に味わいたくない！　という感情がある場合は、あなたは思い込んでしまっているのです。食わず嫌いをしているといってもいいでしょう。

思い込みを解けば、イヤな感覚の波を少しずつ味わえるようになっていきます。

なぜなら、**解釈が、苦手な感情を作り出しているからです。**

例えば、次の例えを見てみましょう。
水を想像してみてください。
みなさん水が何でできているか知っていますか？

水素原子２つと酸素原子１つがくっついて、水ができるとされています。

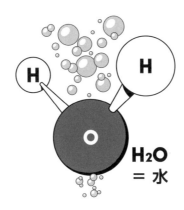

水素と酸素は気体なのに、くっつくと液体の水ができます。2つの気体が1つの液体に変わる。ちょっと不思議ですよね。

実は、苦手な感情ができるメカニズムも、水のでき方と全く同じなのです。

どういうことでしょうか。体に起こる感覚の波が「酸素」とします。
「名前」と「解釈」がそれぞれ「水素」だとします。

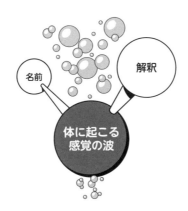

例えば、別れとか失恋があって、

「胃がギューッと締め付けられる感覚」がカラダにやってきたとします。

今は酸素だけがやってきた状態です。

それを脳が「これは『傷つく』だ」と名前をつけます。水素が1つくっつきました。

そして、さらに「解釈」もやってくるのです。

「傷つくのはよくないことだから避けなければいけない」と。

3つが合わさると、きらりん！　と、マジシャンがステッキを振ったように、H_2Oの構造式が水へと変貌を遂げます。イリュージョンの完成です。

本当は、ただの体に起こっている「胃がギューッと締め付けられる感覚」

の波に過ぎなかったのに、あなたは魔法にかかったように傷つくという体験を避けなければいけなくなってしまうのです。ただの波が、苦手なものへと変貌を遂げるわけです。

解釈を一度、取り払い、感情の波をそのまま感じてみましょう。「さみしーーーい！！！」「かなしーーーい！！」「ふざけんなぁああ！！！」というように。その感覚を避けずに感じてみてください。

解釈がなくなっていくと、だんだんと感情の波を避けずに乗りこなせるようになっていきます。

すると、「幸せとは、幸せな気分でいることである」という幻想がとけ、春夏秋冬いろいろな季節を楽しむように、人生を楽しむことができるようになります。

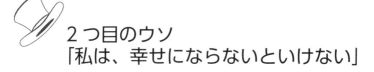

2つ目のウソ
「私は、幸せにならないといけない」

私たちは、幸せにならないといけないのでしょうか。

もしあなたが「幸せにならないといけない」と思っているならば、今は幸せな状態ではなく、心のどこかで、ある特定の理想の状態を、幸せと呼んでいるはずです。

例えば、地位や名誉、家や車、年収〇〇万円、フォロワー〇〇人、理想的な夫や妻、恋人、友人がいる、美味しいご飯、ルックス、誰もが羨むような仕事のキャリア……などなど。

自分の中に理想の幸せ像があるわけです。
SNSには、あなたがイメージするような成功をしている人がいて、その人と比べて自己卑下したり、自分はまだ幸せじゃないんだという気持ちを強めたり。
「もっと〇〇があれば幸せなのに……」と私たちは考えがちです。
そして「幸せにならなきゃ！」と内心いつもどこか焦っている人もいるのではないでしょうか。

しかし、人は幸せでいるのが自然という生き物ではありません。

人生は苦痛に満ちていて、辛いことも多く、なかなか思うような理想の幸せには届きません。願いは届かないし、思い通りにいくことなんか滅

多にないし、努力は実らないこともあります。でもそれが人生の自然な
姿です。

あなたは、「幸せにならないといけない！」わけは全然ないのです！
今、幸せじゃなくてもいいのです！

そういうと、おそらくあなたは「そんなの嫌だ！　私は幸せになりたい！
私の人生は本当はこんなんじゃないんだ！　もっと認められる自分でい
たいし、認められたいんだ！」と言うかもしれません。

そんなあなたを私は菩薩のような慈愛の目で見つめ抱擁し、抱きしめら
れて油断したあなたの隙を見て、プロレス技のジャーマン・スープレッ
クスをバーーン！　とかますでしょう！

「いてててて」と頭をさすり、目が点になって開いた口が塞がらないあ
なたに私はこうお伝えします。

「いいですか、あなたが『幸せになりたい！』と言っているのは、『理想
と違う今の自分を認められない』と言っているのとほぼ同じ意味です」

自分を認められないと、欠乏感が生まれます。
欠乏感を埋めるために、「もっと人に認められたい！」「もっと成功した
い！」と他人の反応や、未来の結果にオートフォーカスしてしまいます。

あなたは、欠乏感に振り回されています。

もちろん、その欠乏感をバネに、努力し成功する人もいます。

しかし成功してもつい他人の人生と比べてしまい、「なんで自分はこんな人生なんだ」といった思考トリガーにミスディレクションされ、自己嫌悪や自己否定してしまうことも。その結果、自信をなくし、自分のやる気を奪ってしまうかもしれません。

中にはそれにも負けず、「まだ十分じゃない」「もっと自分の価値を証明しなければ」とさらに自分にムチを打ち頑張る人も。

しかし、欠乏感がある限り、いくら成功しても幸せには感じません。なぜなら上には上がいるからです。いくら結果を出しても、さらなる上を見上げて比較してしまい、「まだ上がいるのか……」と埋まらない欠乏感から自分にガッカリしてしまうでしょう。

その時、あなたの人生は最高に楽しめる物語ではありません。

欠乏感に振り回され、本来の力を発揮できていません。

例えば、次の例を見てみましょう。

実家が貧乏で、お金に欠乏感を感じていた子がいるとします。小学校の時は使い古して指先でしか持てない長さの鉛筆をずっと大事に使っていて。周りの同級生がゲームやかっこいいシャープペンシルを自慢しているのを指をくわえて見ていました。その子は、お金への「欠乏感」から周りのゲームやシャーペンを自慢げに見せびらかしている同級生に嫉妬し、劣等感を感じます。同時に貧乏な自分の家を呪ったり、自分はなんて不幸な生まれなんだと出自を嘆くかもしれません。欠乏感がオートフォーカスを作りだし、「お金を増やすこと」ばかり意識するかもしれません。

その子の頭の中では常に「どうしたらお金が稼げるんだろう」という「？」が鳴り響き、常にそこにオートフォーカスが向きます。

もし、その子がその体験をバネに成長して、年収数千万円を稼ぐようになり、東京都港区の高級タワーマンションの部屋を購入したとしましょう。しかしそれだけ稼いでも、「欠乏感」があればかつてのシャープペンシルの思い出を繰り返してしまうのです。

タワーマンションは、低い階と高い階で値段が違います。文字通り桁が違うこともあります。その子は、社会的には年収数千万円を超えて成功しましたが、購入できたのは低層の部屋まででした。そしてある日の朝、エレベーターで高層階から降りてくる住人を見た瞬間、たとえ港区のタワーマンションという世間的には成功者がいる場所に住んだとしても「欠乏感」がやってくるでしょう。上の住人と比べ自己を卑下し、「これだけがんばったのに、またか」とやる気や自信を失ってしまうかもしれません。小学校の時に同級生のかっこいいシャープペンシルを見て欠乏感を感じたのと同じように。

別の例で「醜い」と自分のことを思っている女の子がいます。
小学校の時に「ブース！　ブース！」とガキ大将にいじられる。他の男子たちも、綺麗でスタイルの良いクラスのアイドルばかり見ています。

その子は容姿に「欠乏感」を感じていました。すると自分自身でも綺麗ではない自分が許せず、受け入れられなくなってしまいます。当然自分に自信は持てず、自分を愛することもできません。

この子のオートフォーカスは「どうしたら、美しくなれるんだろう」です。そのため街を歩いていても綺麗な顔でスタイルが整っている女の子に自然と目が行き、嫉妬します。その結果新しく出会った子の「性格」よりも「容姿」にオートフォーカスがいき、「この子は自分より下だな」「上だな」と、ラベルづけをしてしまいます。

自分のオートフォーカスが人をみる判断基準にもなってしまうのです。欠乏感が価値観を生むため、この子は「美しさ」を大切にする価値観を持ちます。
受験で進学校に入り一念発起して、「ファッション」「メイク」をガラリと変えデビューをするかもしれません。服やメイクを質の良いブランドで統一し、洗練された女性になっていきます。「え？ ○○ちゃん、すっごい綺麗になったね。別人みたい！」なんて言ってくる男性も増え、だんだん綺麗で整ったファッションに魅了されていくファンも増えてきて、モデルにスカウトされるかもしれません。

けれど、そうなったとしても、もともとあった「どうしたら美しくなれるんだろう」というオートフォーカスが、常に自分自身にどこか欠けている感覚を生み出し、飢えが満たされることはありません。

先ほどのタワマンエピソードと同じで、これだけ努力して美しくなって
も、モデルの新たな世界で周りと比較し「自分はキレイじゃない」など
と落ちこんでしまいます。他人と比べ自分を卑下し、やる気や自信を失っ
てしまうかもしれません。小学生の時に、クラスのアイドルと比較して
自信をなくした時と同じように。

どちらの例も、自分を本当の意味で認められていません。自分を認めて
いないため、どちらの例でも欠乏感に振り回されてしまいます。

人は、欠乏感にオートフォーカスします。
オートフォーカスが、常に自分自身にどこか欠けた感覚を生み出し、成
功しても成功しても飢えが満たされることはありません。「まだ十分じゃ
ない。もっと何かを成し遂げて私は幸せにならなければいけない」と、
どこか足りない自分を補い続ける旅をし続けてしまいます。

「欠けている」と思うと、他人と比べ自己卑下してしまいます。
それどころか自分を認められていないため、自己中心的になります。自
己承認を満たすことにフォーカスが向いてしまい、自分に注目してほし
い、自分をすごいって言って欲しいと、常に自分自身にスポットライト
が当たってしまい、相手にスポットライトが当たりません。プライドは
高いですが、中身はガラスのハートです。

それでは、あなたの欠乏感を埋めることなど到底できません。
なぜなら、あなた自身が、自分を認められていないのですから。

自己批判は、うつの原因になります。
よく自己批判してしまう人は、理想の自分像が自分の中にあります。正円でないと自分を認められず少しでも欠けた円が許せないのです。そんなふうに、自分にムチばかり打っている人も、少なくないのです。

しかし、それは思い込みです。

誰しもが、欠けた円なのです。そこにフォーカスを当て欠乏感を感じるか、感じないかの差があるだけ。

何かが一生「欠乏」していても、
あなたは自分を認めることで「欠乏感」を克服できます。

欠けている今のあなたでパーフェクトなのです。

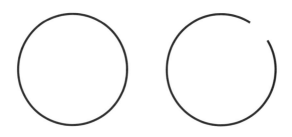

もう一度、この図を見てください。
どちらが欠けて感じますか。

おそらく右でしょう。
これで右が欠けていると感じるのは、「丸が完璧なんだ」という思い込みがアタマにあるからです。

これが、「欠乏感」の正体です。
欠乏感は、思い込みが作るのです。

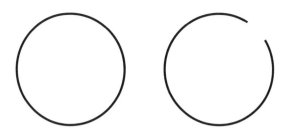

でも、もし「おかしいのは丸のほう。これは視力検査で使う図で、Ｃの形が完璧な姿なんです」と言われたらどうですか？　本気でそう思い込んで見てください。そうしたら、丸のほうが逆に変な感じがして、欠乏感を感じてくるはずです。

確かに、Ｃは「部分が欠乏」していますが、前提を変えたら、欠乏感を感じるのは「丸」のほうです。

「解釈が、欠乏感を生み出すのです」

「欠乏」と「欠乏感」は違います。

先ほどの、家が貧乏だった少年は。確かにお金が「欠乏」しています。けれど、「欠乏感」はそれをどう解釈するか次第です。お金が欠乏しているのは、創造性を育むにはより良い状態です。おもちゃが少ない環境で子ども時代を過ごした人ほど、創造性が高まることが研究でわかっています。買える物が少ない分、あるものだけを使い工夫することを覚えるからです。だからこそ、最初から裕福な人よりも、努力し工夫する人間になれるのです。そう思えば、お金が欠乏していても、欠乏感を感じずにすみます。

あるいは、先ほどの、女の子。たとえ容姿が「欠乏」していたとしても、「欠乏感」を感じるかどうかは本人次第です。

「いえ、女の子は容姿より愛嬌よ！　どんな時も、笑顔で、前を向いて気遣って優しく接してあげるの。だって私もそうされたいんだから」と思っていたら、容姿は「欠乏」はしているかもしれませんが、容姿に「欠乏感」はもたないでしょう。いつも前向きで明るい愛嬌ある姿に、ファンの男子も増えるはずです。

「欠乏」と「欠乏感」は違います。

本当に欠けていることよりも、頭の中で「欠けた感じがしている」ことが問題なのです。

本来は、欠けている今のあなたでパーフェクト。
一度、思い切って「自分の人生に100%YES」と言ってみてください。

最初は、到底そんな風に思えないでしょうが、フォーカスを変えると見えるものが変わります。美女に隠れて見えなかったザビエル師が、視野を広げれば見えるようになったのと同じように。

ミスディレクションを解けば、今まで気づかなかったものに、あなたは気づくようになります。今、見えているものだけが全てではありません。繰り返し言い聞かせる中で、ネガティブに思っていた一つひとつの出来事にポジティブな意味が見つかり、人生にYESと言うことができます。

「いや、どうしてもそんな風には思えない。だって今までの自分は変えられないんだから……」

と思う人もいるでしょう。しかし、声を大にして言いますが、それこそがミスディレクションです。過去を後悔したり、他人と比べて落ち込んでしまう人は、ただ思考トリガーでミスディレクションされてしまっているだけ。

もっと言えば、過去は存在しません。

みなさんが「過去が気になる」と呼ぶ現象は、ただ、記憶という昔の映像が、今、頭に浮かんでいるだけです。あなたはそれにミスディレクションされ、振り返っているに過ぎません。

未来も同様に存在しません。それは今、頭の中で未来の予測が浮かんで、それに思いを馳せているに過ぎません。思考トリガーでミスディレクションされているだけで、過去も未来も存在していません。真実は、ただの考えの雲が「今」頭に浮かんでいるだけ。「今ここにいよう」なんていう言葉が流行っていますが、本来は「今ここ」の瞬間にしか私たちは存在しえないのです。

今この瞬間しかないのですから。目の前にいない他人や過去や未来を気にする必要はありません。

大切なのは今の自分。だから今の自分を責めずに認めてあげましょう。そうすれば、欠乏感に振り回されなくなります。自分の人生も好きになり、楽しんで努力できるようになり、結果的に今以上にもっと幸せになっていくでしょう。

自分自身を自分で認めない限り、
自分の人生に100% YESと言わない限り、欠乏感は生まれてしまいます。

自分自身を自分で認められないと、
人生で辛い時、苦しい時、つい自分を責めてしまいます。

誰よりも一番身近にいるはずの自分を、自分で責めていたら、もっと辛くなってしまいます。頑張れるものも、頑張れません。

人生を生涯共に歩む自分を、自分自身で認めて支えてあげましょう。
認めるのに、根拠はいりません。
どんな時も、あなたはあなたの味方でいられるはずです。

人生のタネ明かし
7

本来は、欠けている
今のあなたでパーフェクト

 ## 3つ目のウソ
「幸せでなければ、私はおかしい」

イライラ、不安、嫉妬、悔しさ、寂しさ、孤独、罪悪感、絶望。
こういうのを感じていて、「私はおかしいんだ！」と感じる人もいるか
もしれません。
メンタルクリニックに出かけて、「幸せな気分じゃない！ 鬱々として
いる！ 気分を直して欲しい！」「不安で仕方ない！ 不安は良くない
から気分を直して欲しい！」と薬をねだる人もいるかもしれません。

しかし、いい気分でなくてもあなたは病気ではありません。
辛いのは当たり前です。しかし、

真実は、幸せでなくても、あなたは普通です！
嫌な気持ちで塞ぎ込むことがあっても、あなたは普通です！

もちろん、ずーっと寂しい、ずーっと不安で振り回されている、
といったことで、一時的に薬が必要になることはあります。僕も外来で
処方することもあります。薬は、間違いなくあなたの力になります。

しかし、気分を和らげるだけの薬は、一時しのぎの対症療法です。
大切なのは自分の人生と向き合うことです。
幸せな気分でなくても、あなたは普通です。

なぜなら、幸せとは、幸せな気分でいることではないからです。
そして幸せ、というのはある一定の成功した状態をさすのではありません。
幸せというのは、行動を選ぶ自由にあるのです。

自分の人生を今以上にもっと充実させるには、どういう行動を今後すれ
ばいいのか、どういう行動を今後やめたほうがいいのか。
自分の行動にフォーカスしましょう。

「思考や感情」はコントロールできません。
ですが、行動を変えれば、「感情」は動きます。

運動すれば「爽快感」、
音楽を聴けば「高揚感」、
人と話せば「安らぎ」、
を感じるかもしれません。

先ほども言いましたが、いい気分でいることだけが人生ではありません。
ロックやバラード、子守唄などいろいろな感情のメロディーを味わうの
が人生です。

感情そのものに一喜一憂せず、行動にフォーカスしましょう。

 ## 行動にフォーカスする

以上のように、よくある間違った悩みを生み出すオートフォーカスを説
明してきました。

コントロールできない他人、未来、思考・感情、そして幸せの3つのウ
ソにはフォーカスしてはいけません。
上記のようなオートフォーカスが自分の中にある人は、いくらマインド
フルネスで注意の筋肉を増やしても、なかなか強烈なミスディレクショ
ンから脱出できないでしょう。

あなたが強烈なミスディレクションに引っかからないようにするには、オートフォーカスが、行動に向く必要があります。

もしかしたら、この章を読むことで

他人、未来、思考・感情　＞＞＞＞＞　自身の行動

となっていたあなたのオートフォーカスが、

他人、未来、思考・感情　≦　自身の行動

と少し行動に傾いてきたのではないでしょうか。
さらに、この後、5章、6章を読んでいけば、

他人、未来、思考・感情　＜＜＜＜＜＜＜＜　自身の行動

とあなたのオートフォーカスが確実に行動重視に変わっていくでしょう。

ただ、行動にフォーカスするといっても、自分の人生を「長期的に最高に楽しめる」ものにする行動にフォーカスすることが大切です。
短期的には楽しくても、「異性をひたすら追いかけてしまう」「酒を飲み過ぎてしまう」「ゲームにひたすらはまる」「ギャンブルにはまる」なんて行動では、長期的には落ち込んでしまい、ネガティブな気持ちに振り回されてしまうでしょう。

自分の人生を、もっと有意義で豊かにする行動とはどんなものでしょう？
どんな行動にフォーカスしていけば最高に楽しめる物語になっていくの
でしょうか。

それを次の章でお話ししていきます。

人生のタネ明かし
8

3つの幸せのウソに囚われると、「他人」「未来」「思考・感情」にオートフォーカスが向いてしまう。

5章

行動にフォーカスする

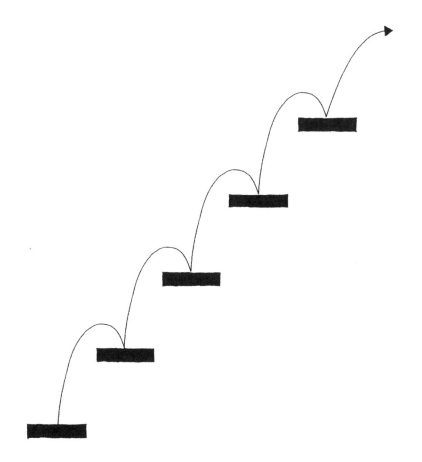

あなたの行動ですべてが変わる

これまでのお話をおさらいします。

あなたが心に振り回されたりしてしまうのは、間違った方向に注意が向いてしまうミスディレクションが原因です。

ミスディレクションは、環境・思考・感情がトリガーとなり発生します。トリガーが生まれる瞬間に注意の分岐点があり、気づかなければあなたはミスディレクションされ望まない方向に注意が向いてしまいます。

しかし、ミスディレクションに気づいて注意を戻せれば、望む方向に進めます。

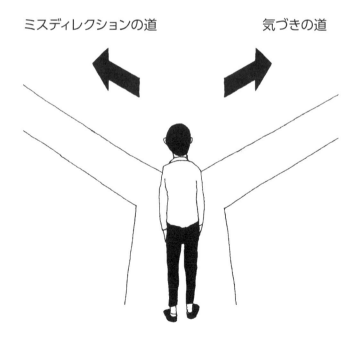

ミスディレクションの道　　　　　　気づきの道

しかし、あなたが気づいても意識を変えられない原因は、ミスディレクションの本質である、意識は興味があるところにオートフォーカスしてしまうことにあります。

オートフォーカス自体は脳の機能でありなくすことができません。
ですから、ここで大切なのは、あなたがフォーカスする対象、つまり何に興味を持つかということです。

そして、前の章では、興味についてお話ししました。自分がコントロールできない他人・未来・思考感情にフォーカスしてはいけません。3つの幸せのウソにも注意が必要です。
これらに興味を持ってしまうと、ミスディレクションされやすくなってしまうのでした。

それでは、私たちは代わりに、日々何に意識を置いて過ごせばよいのでしょうか。
ウソではない本当の幸せとはなんなのでしょうか。

その答えが、
「自分の行動に 100% フォーカス」です。

幸せとは、ずーっといい気分になることではありません。
幸せとは、成功することではありません。
幸せとは、自分の行動を選ぶ自由にあるのです。

いい気分にずっとなっていたい！　嫌な気持ちは避けたい。
となると、あなたは自分の行動を自由に選べません。
選ばされています。

成功して自分の価値を証明しなければいけないんだ！
となると、あなたは自分の行動を自由に選べません。
欠けた自分を埋める旅をしているので、あなたは選ばされています。

幸せとは、自分の行動を選ぶ自由にあるのです。

例えば、あなたはいまこの本を「読む」という行動をしています。
代わりに、その時間を「料理をする」「SNSをする」「過去を後悔する」
というふうに、違う行動を選ぶこともできます。

「行動」は、いまこの瞬間に選択できるのです。

例えばあなたは今、「左手を上に伸ばしたいな」と思えば、そう行動す
ることもできますよね。
同じように、この瞬間に「歌う」「学ぶ」「運動する」という行動を選ぶ
こともできます。
あなたには、行動を選ぶ自由があるのです。

自分のできる行動に、フォーカスしてください。それは唯一あなたが
100％コントロールできるものです。

「選ばされている」と「選んでいる」では全然自由さが違います。
ミスディレクションされている時、あなたは選ばされています。
無意識に注意を操られています。

幸せへの道は、ミスディレクションを打ち破り、行動を選ぶことなのです。

選ぶ、というのは、一日24時間の中で起きてから寝るまでの間、
あなたがどんな行動で一日を埋めていくかということです。

今、あなたはこの「文章を読む」という行動をしています。
代わりに違う行動を選択することもできます。
例えば、次のリストを見てみましょう。

リストの行動は、いますぐ、「読む」の代わりに選択できる行動です。
常に分岐点があなたの目の前にあり、あなたは行動を選ぶ自由があるのです。

24時間を充実感で埋めていくには、
あなたがどんな行動をするのが好きかを、考えていく必要があります。
好きな行動で24時間365日埋めていけば、充実感がやってきます。

「他人」「未来」「思考感情」のコントロール <<<<<<<<< 「自分の行動」

と自分のフォーカスを変えるのです。
自分の行動だけは100％コントロールできるのです。

そして、幸せの定義を、
「幸せとは、幸せな気分でいることである」という幻想から、
「幸せとは、日々体に起こる感覚の波を味わいながら、自分の行動を選べる自由にある」
と変えることです。

幸せとはある一定のいい気分の状態を指すのではないのでした。
あなたはどんな気分でいたいかは選べません。「思考・感情」はコントロールできず、ただ天気のように、変化するものだからです。

だからこそ、日々変わる体に起こってくる感覚を感じて、それに合わせて行動することが大切なのでした。

また、他者はコントロールできないのでした。

「愛されたり」「好かれたり」「嫌われたり」「褒められたり」「尊敬されたり」といった他者のリアクションはコントロールできません。ここでいう他者には、子供、父母といった家族も含みます。自分以外は全て他者です。あなたができるのは自分の行動を変えることだけであり、そのボーナスとして他者が「愛したり」「尊敬したり」という行動を起こすかもしれないのでした。

また未来もコントロールできません。
成功や失敗といった結果、社会情勢はあなたには操作できません。
あなたができることは唯一「自分の行動」を変えていくことだけなのでした。

つまり、あなたの行動一つで、全てが変わるのです。

ここに、本書での幸せの定義を記します。

人生のタネ明かし

9

「幸せとは、物語に応じて日々
体に起こる感覚の波を味わいながら、
自分の行動を選べる自由にある」

この認識で、世界が変わります。
この認識を体感できるようにするのが、本書のメンタルトレーニングの
狙いです。

見る角度で現実は変わって見えます。
この今お伝えした角度で、現実を見て欲しいのです。

自分の行動に 100% フォーカスするのです。

好きな行動で 24 時間 365 日埋めていけば、充実感がやって来ます。

楽しくない行動で 24 時間 365 日が埋まれば、空虚で憂鬱になっていきます。

幸せとは、24 時間 365 日、天気のように変わりゆく体の感覚を味わいながら、自分の行動を選んでいく自由にあるのです。

今、楽しくない行動で人生が埋まっている人でも、オートフォーカスを変え、今この瞬間から、一歩ずつ一歩ずつ、楽しい行動を選んでいくことをはじめていけばよいのです。

この 5 章では、どんな行動にフォーカスしたらいいのかを洗い出すエクササイズをしていきます。
つまり、あなたが「なにが好きか、なにに興味・関心を持っているか」を行動で洗い出す、ということです。

行動とは何を指すのか？

行動とは、一言で言えば「動詞」です。先ほどのリストを見てください。

泳ぐ　走る　歌う　育てる　遊ぶ　釣る　作る

創る　食べる　探す　頼む　料理する　飲む

楽しむ　話す　片付ける　寝る　入る　洗う

想像する　創造する　ゲームする　描く　会う

着る　見る　学ぶ　勉強する　気を配る　注意する

観察する　愛する　尽くす　与える　助ける

手伝う　治療する　表現する　推測する　分析する

予測する　感じる　受け入れる

全て、動詞ですよね？

英語にするとよりわかりやすいでしょう。
I sing　　　　（私は歌う）
I eat　　　　（私は食べる）
I think　　　　（私は考える）
I analyze　　　（私は分析する）

実は「考える」「分析する」といった心の内側の現象も「動詞」、つまり行動なのです！

「え？　それは思考じゃないの？」という声も聞こえますが、違います。

「思考」はあくまで浮かんでくるもの。それは止められません。「ああ、上司に会うの嫌だなぁ」こんな考えが浮かぶことは止められません。けれど、そこから「もし叱られたらどうしよう、もし無視されたらどうしよう」と考えるのは、「心配する」という行動をしているのです。

英語で考えるとよりわかりやすいでしょう。
I worry　　　　（私は心配する）
I criticize　　　（私は批判する）
I regret　　　　（私は後悔する）

ね？　動詞なんです。

浮かんでくる思考トリガーに引っかかったら、心配したり、自分を批判したりします。しかし、引っかからず、代わりに違う動詞を選ぶこともできるわけです。

今この瞬間に、あなたは選べる

動詞ということは、今この瞬間に選べるんです。

今「この本を読む」という行動をしていますが、代わりに「話す」という行動もできますよね。「スクワットする」という行動も、「過去を後悔する」という行動も選べるわけです。

人生に、望む行動を増やし、望まない行動を減らすことが充実した毎日を送る秘訣なのです。

心の病気だとしたら、「過去を後悔する」「自分を批判する」「未来を心配する」という行動を一日から減らす。そして代わりに「楽しめる行動を増やす」ことが大切です。

依存症なら、「SNSを見る」「お酒を飲む」「タバコを吸う」といった行動を減らして、「充実する行動を増やす」ことが大切です。

仕事で成功したいなら、「先人に聞く」「専門書を読んで勉強する」「とにかく試す」といった行動を毎日増やせばよいのです。代わりに「飲み会にいく」「ゲームをする」という行動を減らす必要があるかもしれません。

人生に、テーマ（目的）をもつ

さて、あなたはどんな行動を人生で増やしていきたいですか？

「幸せとは、物語に応じて日々体に起こる感覚の波を味わいながら、自分の行動を選べる自由にある」のでした。

無目的に行動を選んでいってもいいですが、せっかく人生を最高に楽しめる物語にするならテーマがほしいですよね。

「愛」「挑戦」「食」「インテリア」「ファッション」「健康／美」
「仕事」「恋愛」「コミュニケーション」「スピリチュアル」「学問」「海外」
「政治」「教育」「社会貢献」「子育て」

様々なテーマがあるでしょう。

あなたの人生は、今どんなテーマ（目的）を求めていますか？
人生という海を渡るには、心にコンパスが必要です。

行動を決める前に、好きなテーマについて考えます。
西へ向かうのか、東へ向かうのか。

そんな心の羅針盤、行動を選ぶ際のコンパスになる「テーマ」を考えましょう。
あなたが人生で本当に、本当の本当に、大切にしたいことは何でしょうか？

Exercise あなたの人生の大切なテーマ（目的）をあぶり出す

まず、ひとりになってください。

スマホの電源を切るかマナーモードにする。通知を OFF にしてください。

そして、知り合いに遭遇しない、どこか、落ち着いたカフェや、公園など、ゆったりとひとりで過ごせるところに行きましょう。

あなたは、心の奥底に深く深く潜って、フォーカスする必要があります。

5分程度でかまいません。

ゆっくり息を吸ったり、吐いたりしながら。

自問自答をします。

「私の人生で最も大切にしたいテーマは何だろう？」と繰り返し唱えてください。

するとあなたの大切なテーマが浮かんでくるはずです。

あなたの、フォーカスが向いたことを、浮かんだ順に書き出してみましょう。

例：
・特定の仕事、キャリア
・夢、目標
・健康
・美しさ
・夫、妻、子供、両親

Your Answer
・
・
・
・
・
・

などなど。

このテーマリストが、あなたの人生航海のコンパスになります。
このテーマの方向に向かっていくのがあなたの目的です。
これが仕事と結びついたら最高です。

イチローなら「野球」、さかなクンなら「魚」でしょう。

私のメインテーマは、「マジック」「精神医学」です。
サブテーマで「美味しい食事」「健康で快適な生活」などがあります。

こんなふうにしてテーマを決めます。もし仕事と結びつかなくても、よりテーマに近い仕事を選んだり、仕事は生活費を稼ぐものと割り切り、なるべく短い時間で終わるものにして、余暇の時間をテーマに当てたりしてもよいでしょう。

そして、そのテーマに向かって、行動を決めていきましょう。

Exercise　あなたにとっての"航路"を見つける

「人生をテーマで満たしていくには、どんな行動をし続けようか？」
と、前ページのテーマリストを見て繰り返し唱えてください。

そして、取り得る行動を書いていきます。
-
-
-
-

私の場合、「マジック」がテーマであるならば、「ネタ探しをする」「稽古をする」「披露する」「衣装を買い揃える」などを挙げていくでしょう。

「友人」がテーマならば、「ランチを一緒にとる」「月に1回は飲み会を開く」「定期的にLINEを送る」などを書くかもしれません。

もちろん、複数のテーマがあって当然です。
「食」というテーマであれば、「健康的な自炊をする」「美味しいご飯を食べにいく」「そのためにレストランの口コミを『食べログ』で調べる」といった行動が挙がるかもしれません。

お疲れ様でした！！

いま書き込んだ行動で、人生が満たされるようになったらよくないですか？
24時間を、なるべくそういったテーマで埋めていきたくないですか？

あなたの24時間を、ミスディレクションされた行動ではなく、先ほど書き出した人生テーマで埋めていければより充実した日々が送れます。

人生の目的（テーマ）と困難

人生という海は、穏やかな海ではありません。
さざなみばかりではなく、時に、荒波や嵐になることも。

あなたが「西へ」行くにせよ「東へ」行くにせよ、テーマに向かって航路を進んでいく時には、時に嵐が襲ってくることがあります。

つまり、人生テーマに向かって進む上で、困難はつきもの。

もちろんテーマによって困難は違うでしょう。

あなたのテーマが、「美／健康」であれば、老いそのものが、困難になるでしょう。それでも少しでも美しくありたいから、健康でいたいから、努力するのです。

あなたのテーマが「創造性」であれば、創作活動の孤独さや、周りから作品を評価され批判されることは避けられません。それでも自分をありのまま表現したいから、作品を作り続けるのです。

あなたのテーマが「成長」であれば、自分を変える苦しみからは避けられません。人は常に快適で楽でいたいもの。現状維持から脱するには、必ず不快感が伴います。そして周囲から「あなた変わったね」と奇異な目で見られることからも避けられません。失敗や、敵を作ることも。それでも、あなたは自分を成長させ、高めたいから頑張るのです。

テーマに向かって進む上で、困難はつきものなのです。
それでも進みたい方向が、人生テーマになります。

いえ、むしろ多少の困難があったほうが、航海はより面白くなります。
なぜならば、幸せの３つのウソのところでも述べましたが、イヤな気持ちは人生からなくせず、人生のスパイスなのですから。

でも中には、
「全く困難がない人生がいい！」
「困難が何一つなくて、快適で楽に過ごせる人生がいい」

という人もいるかもしれません。もちろんその気持ちもわかります。
しかしその場合は「楽／快適さ」が人生テーマになっています。
人生テーマがある以上、困難からは逃げられません。

あなたのテーマが「楽／快適さ」であれば、目の前の不便や不快な出来事にオートフォーカスが向かいます。そして、それを解決しようと、躍起になるはずです。つまり、「不便／不快さ」といった困難そのものがあなたの困難、敵になるのです。それでも、あなたは本当の「楽／快適さ」を追求したいから、頭を使い、努力しているのです。もしかしたら他の人より楽するため、結果として人一倍努力しているのかもしれません。

このように、人生テーマには、困難がつきもの。
それでも、だからこそ、航海は面白いのです。

結果ではなく、行動にフォーカスする

繰り返しになりますが、この人生テーマは、人生航海のコンパス。コンパスは航路の方角を指し示します。しかし、航海の結果に執着してはいけません。

すなわち、航海をするのであれば、
新大陸を発見することにフォーカスを置くのではなく、
新大陸を目指し「東に航海をする」という行動にフォーカスを置くということです。

結果にフォーカスを置いてはいけません。

例えば、次のクイズに答えてみて、それが、結果なのか、行動なのか確認してみましょう。結果には×、行動には○を頭の中でつけてみましょう。

- 10kg 痩せる
- 結婚する
- ウケをとる
- 幸せな気分でいる
- 年収 1000 万円稼ぐ
- ビジネスで成功する
- 世界で活躍する人材になる
- プロポーズされる
- モテる
- 健康でいる
- 試合に勝つ
- 職場で一目置かれる存在になる
- メディアに注目される

上記に挙げたものは、全て結果です。全て×です。上記は全て、他人、未来、思考・感情といった結果（ゴール）にフォーカスしています。
結果はボーナスとして起こるものであなたがコントロールできず、フォーカスしてはいけません。

もちろん結果を手に入れたい、という気持ちは大切です。
夢があるから人は頑張れるのです。
しかし、夢を達成したいのなら、フォーカスは行動にあるべきです。

例えば、イチローが野球で「首位打者をとる」ことにフォーカスしたら、それは結果にフォーカスしているので誤りです。フォーカスすべき対象は、例えば「毎晩寝る前に足裏マッサージをする」「キャッチボールはシーンを想像しながら100球やる」「毎朝カレーライスを食べる」とコントロールできる具体的な行動に落とし込むべきです。そうすることで、ボーナスとして夢を達成できるのです。

「首位打者をとる」 >>> 「バットで球を打つ」

結果重視になっているフォーカスを、

「首位打者をとる」 <<< 「バットで球を打つ」

と結果から、コントロールできる行動へフォーカスするのが大切です。

先ほどのクイズの例であるなら、例えば、それぞれこのように「結果」から「行動」へフォーカスを変えるべきでしょう。

×10kg痩せる （未来の結果へフォーカスしている）
　→毎日15分運動する、野菜中心の低カロリーの食事をとる、揚げ物などの高カロリーの食事はとらない

×プロポーズされる／結婚する（未来の結果にフォーカスしている）
　→愛する、気遣う、褒める、受け止める、正直に話す、誠実に向き合う

×モテる（他人にフォーカスしている）
　→相手を気遣う、目の前の人を助ける、ユーモアを言う、弱みを見せる、メールにすぐ返事する、御馳走する、未知の世界へ連れていく

×ウケをとる（他人にフォーカスしている）
　→ユーモアを言う、ブラックジョークを言う、ジョークを言う、大袈裟なリアクションをする、俯瞰的なコメントを言ってみる、芸人の真似をする、とりあえず全裸になる

×健康でいる（未来の結果にフォーカスしている）
　→運動する、日光浴をする、睡眠をしっかりとる、健康的な食生活をする、健康診断に定期的に行く、歯のメンテナンスに定期的に行く

×幸せな気分でいる（思考・感情にフォーカスしている）
　→音楽を聴く、大自然に触れる、仲間と遊ぶ、美味しいご飯を食べる、散歩をする、旅行をする

×試合に勝つ（未来の結果にフォーカスしている）
→練習する、試合に集中する、仲間を信じる、しっかり休む

×年収1000万円稼ぐ(未来の結果へフォーカスしている。「稼ぐ」は結果)
→仕事を一生懸命こなす、同僚に優しくする、上司を気遣う、起業する

×職場で一目置かれる存在になる（他人、未来の結果にフォーカスしている）
→誰よりも先に出社する、相手の話を聞く、先回りして困っていることに対処する、職場全員の味方になる

×ビジネスで成功する（未来の結果にフォーカスしている）
→自分のやりたいことを探す、顧客の課題を見つける、顧客の課題を自分のやりたいことで解決できないか考える、とにかく手を動かす

×メディアに注目される　（他人、未来の結果へフォーカスしている）
→誰もやったことがないことをやる、1つのことを極限まで磨く、出版社に売り込む、SNSで発信する、YouTubeに毎日動画をアップする

×世界で活躍する人材になる　（未来の結果へフォーカスしている）
→まず航空券をとって1週間海外旅行する、語学留学をする、海外支社がある企業に就職する、海外と仕事している人を探す、1つのことを極限まで磨く、誰よりも先に異なる2つの分野をかけ算する

特に【金、富、影響力】は全て結果へのフォーカスです。

金は結果です。

「金を稼ぐ」は一見動詞に見えて、行動のように見えます。しかし、違います。正しくは「稼ぐ」ではなく「稼いだ」なのです。仕事をした結果、「稼いだ」のであって、「稼ぐ」はあなたが取れる行動ではありません。「稼ぐ」は誰かが対価を払った結果です。あなたが「稼ぐ」ために何をしているかにフォーカスする必要があります。あなたの行動が多くの人の役に立てば、結果として金は増えます。

富も結果です。

「富を築く」は動詞に見えますが、違います。「富は築く」ものではなく「築かれる」ものであり、あなたが「仕事をする」などの行動をした結果なのです。あなたの行動が多くの人の役に立てば、結果として富は入ってきます。

影響力も結果です。

「影響を与える」というと一見動詞に見えますが、違います。「影響を与える」ではなく「影響を与えた」が正しいのです。

仕事をして「相手に影響を与えた」というふうに使う言葉であり、あなたが「影響力」を得るためどんな行動をしているのか、という行動にフォーカスする必要があります。あなたの行動が多くの人の役に立てば、結果として影響力は増します。

結果重視になると、他人、未来、思考・感情のコントロールへ意識が向いてしまいます。

しかし、他人、未来、思考・感情はコントロールできないため、あなたは正しくメンタルコントロールできません。

つまり、

結果　＞＞＞＞＞＞　行動

と、なっているあなたのオートフォーカスを、

結果　＜＜＜＜＜＜　行動

と変える必要があるのです。

たとえ人生航海をしても、「新大陸につかなかったら、人生に意味なんかない！」と思う人がいるかもしれませんが、そういう人は『ONE PIECE』を読んでください。新大陸を発見するのは、あくまでボーナス。**「航海をする」漫画の１ページ１ページが最高に楽しめる物語なのです。**

「幸せとは、物語に応じて日々体に起こる感覚の波を味わいながら、自分の行動を選べる自由にある」のです。

新大陸に向かって航海する船長の場合は、
「幸せとは、物語に応じて日々体に起こる感覚の波を味わいながら、冒険する自由にある」
とおそらく答えるでしょう。

職業をアイデンティティにしない

上記の例の船長は、職業がアイデンティティなのではなく、「航海をする」「冒険をする」がアイデンティティになっています。

あなたも、**職業をアイデンティティにするのはやめましょう。**
職業をアイデンティティにすると、転職やリストラでアイデンティティを喪失して落ち込んでしまいます。

「行動」をアイデンティティにするのです。

あなたは、一言で自分を言うとしたらなんと答えますか？

「私は営業マンです」
「私は主婦です」
「私は教師です」
「私は医者です」

こんなふうに職業で答える人は多いでしょう。

すると、「この職業はこうあるべき論」に巻き込まれます。

例えば、あなたが保険の営業マンだったとしたら。

保険の営業マンは、結果にフォーカスを置きがちです。「ノルマは月間10契約」と決めてしまうと、できない自分がダメなんだと自己卑下したり、あるいは他のノルマができない同僚を見下したりします。月末にノルマが終わってない自分に焦り、お客さんに会ってもお客さんには全くスポットライトが当たらず、買わせよう買わせようとしてしまいます。そんな自分本位な営業マンから商品なんて買いたくないですよね。結果、ノルマを達成できず、さらにあなたは自己卑下してしまいます。そのストレスが感情トリガーになり、タバコや酒に溺れて悪酔い。すると朝は寝起きが最悪で、集中して仕事に取り組めないなどとミスディレクションのドミノ倒しが起こります。

思い出してください。**結果にフォーカスをしてはいけない**のでした。

行動にフォーカスするのです。つまり、「月に10件の成約をとる」にフォーカスするのではなく、「お客さんの困っていることをサポートする」「身なりを整える」「訪問時しっかり目を見て挨拶する」「お客さんの話を聞き気持ちを理解する」「結果的に保険が必要と判断したら、全力で勧める」といった、自分の行動に100%フォーカスするのです。

そうしたら、自ずと結果は付いてきます。「他人」と「未来」はあなたがコントロールできないけれど、ボーナスで付いてくるのです。

結果にフォーカスしなくなれば、自己卑下や自己批判をしたり、同僚を批判してギスギスしたりもなくなります。**結果ではなく行動にフォーカスすれば、自分にも他人にも優しくなれます。**

これは、他の職業でも一緒です。

自分の自己定義を、
自分＝職業名　　ではなく、
自分＝（行動）動詞　　とするのです！

例えばあなたが教師という職業なら、教師はどうあるべきかという職業論に惑わされず、

「教える」「パワポなどで授業の資料を作る・準備をする」「生徒の相談に乗る」という、行動にフォーカスするのです。
100点を取らせるなど結果にこだわらないあなたの教え方に感化され、結果的に、生徒はすくすくと成長していくでしょう。

同様に、地位、肩書をアイデンティティにし過ぎないことが大切です。地位、肩書をアイデンティティにすると、失った時に欠乏感にオートフォーカスが向いてしまいます。「あの会社にいたかったのに！」「あの立場にいるのは自分だったのに！」とずーっと悩みが頭でぐるぐる渦巻き、脱出困難になってしまいます。

もし、自分の地位や肩書をアイデンティティにしていた場合は、それを「自分＝地位、肩書」から「自分＝行動する人」と変えてください。思い込みによって現実が変わるのです。新型コロナや他の出来事で、仕事や地位を失い、「もう自分はお終いだ」なんて思う人もいるかもしれません。

でも、もしあなたが料理人であれば、「うまい食事を提供する」という行動をどうしたら取り続けられるか考えればよいのです。もしあなたが教師なら「どうやって生徒を教えていこう」と考えればよいのです。全てを失ってなお、あなたに残るのは「行動」です。

人生のタネ明かし
10

**本当のアイデンティティは
職業名、肩書、地位ではない。**

**本当のアイデンティティは
行動（動詞）だ。**
（例：教える人、歌う人、踊る人、冒険する人、
挑戦する人、学ぶ人、助ける人、マジックする人）

 ## キャリア選択の考え方

どの仕事につきたいかは、当然、収入や社会的地位、福利厚生などの影響を受けるでしょう。生きるために生活費を稼ぐのは大切です。しかし、**もっとも大切なのはその仕事が指し示す行動が、興味を持てるかどうかです。**

一日のうち、おそらく8時間以上は仕事に時間を割くはずです。

あなたが好きでもなんでもない行動を取らなければいけない職業についたなら、たとえ収入や社会的地位が高くても、常に「やらされている感」があって、自分の人生ではなくなってしまいます。

その場合は、他にもっと強い興味の対象があるはずなので、ミスディレクションされてしまいます。仕事の生産性が高くないのは当たり前です。仕事を先延ばしにするのも当たり前です。

あなたは悪くありません。だって、興味がないのですから！

キャリア選択は、まず「どの行動を取ることに興味あるのか」という観点から考える必要があるのです。つまり、先ほどの人生テーマ、そして望む行動に近い行動が取れる仕事を選ぶことを意識するのです。あるいは、仕事を変えられない場合は、その業務のなかで、自分の興味に近い行動を見つけることが大切です。

「やりたいことがわからない」への処方箋

行動を書き出すエクササイズをしたけど、

「そもそも人生のテーマがわからない」
「自分が将来やりたいことがわからない」
「今の仕事は嫌で転職したいけど、どう考えたらいいかわからない」

もし、あなたがそういうことで悩んでいるならば、あなたは今、やりたくない業務・勉強を仕方なくやっているのかもしれません。やりたくなければ、気分が乗らないのも当然です。
あなたは悪くありません、興味ないのですから。もちろん一度は、本気で興味をもってみようと努力してもよいでしょう。
しかし、どうしても興味がないにもかかわらず、叱咤激励して自分を頑張らせている人は、うつになるリスクも。

自分の気持ちにウソをついていると、何に興味があるのか、何がしたいことなのか、だんだんわからなくなってしまいます。そういう時、まず大事なのは、頭で考えるのでなく、書き出してみることです。

まず毎日、毎日、現在自分がしている行動を書き出します。
朝から晩まで。この際、大事なのは仕事だけでなくプライベートも書き出すことです。

- 朝のメイク
- 朝の散歩
- 電車通勤
- メールチェック
- 後輩に指示
- 上司に報告
- ＰＣで資料作成
- 議事録を作る
- ランチミーティング
- 記事を作成
- 夕飯を作る
- 映画を観る
- バスタイム

などなど。

事細かに書き出します。その中で、自分のとる行動に点数をつけていきます。1は絶対したくない行動、10はもっともしたい行動で、10段階でつけるのがおすすめです。

- 朝のメイク　　　　　7
- 朝の散歩　　　　　　8
- 電車通勤　　　　　　2
- メールチェック　　　5
- 後輩に指示　　　　　6
- 上司に報告　　　　　3
- ＰＣで資料作成　　　7

- 議事録を作る　　　　9
- ランチミーティング　8
- 記事を作成　　　　　7
- 夕飯を作る　　　　　9
- 映画を観る　　　　　10
- バスタイム　　　　　9

こんなふうに、毎日記録をつけていけば、自分のやりたい行動がわかっていきます。その中で、5〜10点の行動だけ残して、4点以下の行動はもうやめよう、そのために転職しよう、と考えればよいのです。スコアをつけることで、人生のテーマも見つかってきます。

中には、1点、2点の行動だけど、生活費のために仕方なく続けているという人もいるでしょう。その人は「少しだけ賃金が下がっても別の5点、6点の行動で働けないか」考えてみましょう。5点、6点の行動なら長期間、1点、2点の今よりやる気を持って働けます。

その結果、能率も上がるし、生活にハリも出て余裕ができ、意欲的に働くあなたを周りも評価し昇進し、結果的に今よりも楽に稼げるようになるでしょう。

今よりも、一歩でも前に。あなたにはそれができます。

もう今十分楽しいという人でも、自分の基準を上げて毎日9点、10点の行動だけに囲まれるようになれば、あなたの人生は今以上にもっと充実した日々になっていくでしょう。ぜひ、やってみてください。

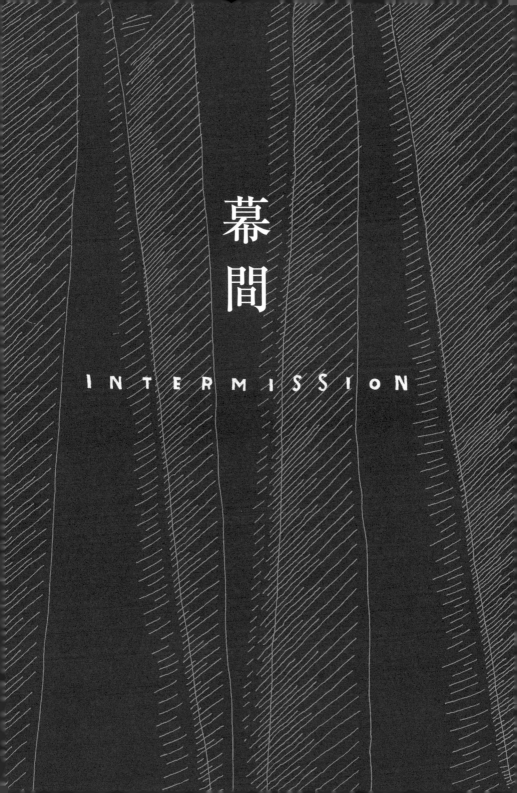

幕　間

INTERMISSION

あなたが主人公の物語

さて、いよいよ最後のチャプターに近づいてきました。
次章では、あなたの人生が「最高に楽しめる物語」になる究極のメンタルトレーニングをお教えします。

この究極のメンタルトレーニングを日々実践することで、
人生が劇的に変わり、豊かで充実した日々になっていくことでしょう。

その前に、この本最後のタネ明かしをお送りします。

あなたは、
自分の人生をどんなふうに捉えていますか？

幸せな人生？
何一つ変えるべきところのない映画のような最高の人生？
それとも、最低な人生？
テレビだったら、すぐにチャンネルを変えたくなるような人生？

誤解を恐れずに断言しますが、
あなたのその人生の捉え方も思い込みです。

え？　思い込み？？
そんなものじゃない！　こんなに人生が苦しいのに。
嫌なことが起こって、苦しいんだ。

そんな声も聞こえてきます。

もちろん、嫌なことがあれば、チャンネルを変えたくなるのも当然です。

借金、金銭問題、家族問題、健康問題、介護、病気、老い、喪失、挫折、
後悔、裏切り。

人生には、さまざまな困難があります。

そう、人生は、大変です。
人生から、苦しみはなくならない。
これは大前提です。

ただ、その上で、思い込みによって感じ方は変わってきます。

人によっては、
人生は、やらなきゃいけないタスクの連続で、

こんなふうに感じていた人もいるかもしれません。

あるいは、常に自分の中のなにかと戦っていて、人生と綱引きしていて、存在意義をかけて心の中で内戦しつづけていた人もいるかもしれません。

しかし、あなたの「フォーカス」が変われば、現実が変化します。
人生も、見方で感じ方が変わります。

この本では、メンタルトレーニングによって、
人生に対する新しい見方を提案してきました。

「幸せとは、物語に応じ日々変化する感情を味わいながら、行動を選べる自由にある」という考え方です。
これは精神医学、認知行動療法 ACT と言われる最先端の精神医学の理論に基づいています。科学的には何万人以上の心の病気の患者さんが救われている、あるいはアスリートの成績や経営者の生産性を高めることに使われている心の理論です。

しかしそれが、真実とは言いません。

1000 人いたら、1000 通りの真実があります。

しかし、どう思い込むかは、あなたが選ぶことができます。

もしあなたが望むなら、
人生が、溺れないように必死に変えたい現実から、

映画のように、最高に楽しめる物語に変化します。

「幸せとは、物語に応じて日々体に起こる感覚の波を味わいながら、自分の行動を選べる自由にある」という生き方。

つまり結果ではなく、行動にフォーカスする生き方になると、人生が自由で、映画のような「最高に楽しめる物語」へと変貌を遂げていきます。

本当のあなたは、「最高に楽しめる物語」を体験する主人公です。

この物語で起こる出来事はあなたにはコントロールできません。
他人、未来、思考・感情はコントロールできないのでした。
すなわち、急に社会が変化したり、病気になったり、恋人に振られたり、
悲劇が起こるかもしれません。あるいは、宝くじが当たるなど、予期せ
ぬ幸運や、嬉しい出来事が起こるかもしれません。

出来事に応じて、日々体に起こる感覚の波が変わっていきます。
物語の中で起こる出来事は一切あなたにはコントロールできません。

唯一コントロールできるのが自分の行動です。
行動すると、物語は変化していきます。
そして、日々体に起こる感覚の波もまた変化していきます。

こう言うと、

「自分の物語は、最悪だ！」
「私はこんな物語なんか望んでない！」
「もっといいシナリオに変えてくれ！」
「なんでこんな主人公設定なんだ！　もっと違う設定にしろ！」

と思う人もいるでしょう。しかし、それは間違っています。それらは全
て思考トリガーで、あなたはそれにミスディレクションされているだけ
です。

あなたの物語は、生まれてから今まで、常にあなたにとって「最も楽しめる物語」なのです。

現に、寝る時以外は、ずっと人生にのめりこんでいるではありませんか。

物語の主人公には必ず、「目的と困難」があります。

ハリー・ポッターなら悪の魔法使いヴォルデモートを倒すのが目的で、困難は当然ヴォルデモートです。

『ONE PIECE』の主人公・ルフィなら、目的は海賊王になることで、困難は未知への冒険そのものです。

そして、ハリー・ポッターも、ルフィも、その目的を目指すに至った、動機があります。

ハリーなら、第1巻では両親は既に死んでいて、預けられた伯父・伯母のダーズリー家の階段下の物置で奴隷のような生活を強いられています。そんな生活から自らが魔法使いだと知り、両親を殺した悪の魔法使い、自分をダーズリー家で惨めな暮らしをさせたヴォルデモートの存在を知るのです。

ルフィの場合、第1話で、海賊に憧れ、やんちゃした結果海で溺れたルフィを、大海賊シャンクスが、左腕を犠牲にして海獣から助けるのです。「ジャングズ……!!!……!!!!　腕が!!」の名シーンです。「安いもんだ、腕の一本くらい。無事でよかった」というシャンクスに感銘を受け、「海賊王になってやる!!!」とルフィは叫びます。それに過去の自分を重ねたシャンクスが、「ほう……!!　おれ達を超えるのか……じゃあこの帽子をお前に預ける。俺の大切な帽子だ。いつかきっと返しに来い、立派な海賊になってな」と麦わら帽子をルフィに託し、ルフィの物語が始まるのです。

自らの落ち度で、シャンクスの腕を失わせたルフィの自責と、大海賊シャンクスへの憧れが、ルフィの目的への強い動機、オートフォーカスとなっていきます。

物語の主人公には必ず、「目的と困難」があります。
同じように、あなたの物語の主人公であるあなたにも、「目的と困難」があります。

あなたの状況にも、全て意味があります。
どんな辛い出来事や、理不尽な状態、困難な試練が起こっても、
それらは全てあなたに動機を与えるために起こっています。

全て、起こるべくして、起きています。
あなたに主人公としての人格形成を促すために、
その生まれがあって、その環境で育ち、現在の課題が用意されているのです。

障害や制約、悩み、葛藤があっても、それは全て、
あなたを、あなたの物語の主人公にするために起きていることです。

全て、起こるべくして、起きています。

なぜなら、物語で起こることはあなたにはコントロールできないのです。

ハリーはダーズリー家に行くことを自分でコントロールしましたか？

ハリーはダーズリー家で悲惨な扱いを受けることを自分でコントロールしましたか？

ハリーはヴォルデモートが悪の帝王になり、両親を殺すことを自分でコントロールしましたか？

ルフィは望んで、海で溺れましたか？

ルフィは望んで、シャンクスの腕を海獣に食べさせましたか？

いいえ、彼らはコントロールしていません。

物語で起こる出来事はあなたにはコントロールできません。

他人、未来、思考・感情はコントロールできないのでした。

結果はコントロールできません。

もし両親が健在で、ダーズリー家に預けられていなければ、ハリーはヴォルデモートと戦う動機を持たなかったでしょう。

もしシャンクスが、左腕を失ったことについて「どうしてくれるんだ！落とし前つけろ！」とルフィを責めていたりしたら、ルフィは海賊に憧れず、海賊王を目指す動機も持たなかったでしょう。

同じように、あなたの人生で起きている出来事は全て、
あなたに目的を与え、困難を越える動機を持たせるために起こっている
のです。

あなたの人生で起こることは、
全て、起こるべくして、起きています。

「もっと他の人の物語がいい」と言うかもしれませんが。
その人は、欠乏感に振り回されています。

どんな人のどんな物語にも見えない「欠乏」があります。
あなたの物語にも「欠乏」しているところはあります。
けれど、「欠乏感」はなくせます。

あなたの物語と、他の人の物語とは、優劣がありません。
あなたの物語は、あなたしか経験できないユニークな物語です。

例えば、『ドラえもん』におけるドラえもんとのび太なら、あなたはどちらになりたいでしょうか。

才能も学も欠乏しているのび太より、秘密道具を出していつものび太を助けるドラえもんのほうが主人公のようで憧れるでしょうか。しかし、のび太にものび太にだけの素晴らしい物語があり、主人公になる時があります。物語が進んでいき、ドラえもんが未来に帰ってしまった後は、勇気を振り絞りドラえもんなしでジャイアンを倒すのです。欠乏感を克服し、のび太が敵を倒しヒーローになる素晴らしいシーンです。

そして、ドラえもんもまた完全無欠な存在ではなく「ネコ型ロボットにもかかわらず耳が取れている」欠乏している存在です。ドラえもん本人も欠乏に欠乏感を感じ、自身をポンコツと思っていました。

しかし、「ドラえもん」も「のび太」も作者にとって優劣はなく、どちらも素晴らしいキャラクターです。

同じように、あなたという人間もこの世界の素晴らしいキャラクターです。目的があり、解決すべき困難や課題があり、苦楽を感じ、味わい、葛藤を乗り越え、行動していく存在なのです。

あなたに降りかかっている困難や、試練も、全てユニークなあなただけしか体験できない、あなただけの物語です。人生に、あなたの物語に、YES と言うことが、あなたにはできます。

人生のタネ明かし
11

**本当のあなたは、
「あなたに起こる物語に応じ、
日々体に起こる感覚の波を味わい、
行動を選び」最高に楽しめる
物語にしていく主人公。**

自分の人生は嫌だ！　人生を変えたい、どうしてもそう思ってしまう人も、どうかお願いです。一度、そう捉えてみてください。思い込んでみてください。

このように捉えていくと、「変えたい人生」が、「最高に楽しめる物語」に変化していきます。

最後の章では、そうなれる究極のメンタルトレーニングをお教えします。

行動を自由に選べず、心に振り回されミスディレクションされている状態から、
ミスディレクションを打ち破り、行動を選べるようになる、究極のテクニックです。

文字通り、人生が変わる究極のテクニックです。

１週間やるだけでも、人生が劇的に変わるでしょう。

１ヵ月実践すれば、
マジックみたいに指を鳴らして不思議なことが起こるみたいに、
パチンとみなさんの思い込みが解け、心が変わっていることをお約束します。

それでは最後のメンタルトレーニングを始めましょう。

6章

サイレントスクリプト
― 人生を変える技術 ―

 ## サイレントスクリプトとは何か

あなたがやることは、
「前の晩に、翌日の行動予定表を作る」
これだけです。

……え？　これだけ？
という声が聞こえてくるかもしれませんが、そんなあなたを私は心を鬼にして、マギー審司の「びっくりして耳がおっきくなっちゃった！」を手に持ち、ハリセンがわりにペチン！　ペチン！　とあなたを往復ビンタするでしょう。

マギー審司の「びっくりして耳がおっきくなっちゃった」をバカにしてはいけません。あれは子供からおじいちゃんまで誰でも楽しめる、国民的マジックなのです。

そしてこの「前の晩に、翌日の行動予定表を作る」も、「びっくりして耳がおっきくなっちゃった」同様、子供からお年寄りまで誰でも取り組める、国民的メンタルトレーニングになりうる技なのです。

私は、これを「サイレントスクリプト」と呼んでいます。

「サイレントスクリプト」は演劇界の用語で、台本にセリフとそれを演じる役者がフォーカスすべきイメージが書かれているものです。

マジック界でも応用されていて、例えば３分間の演技で、どこに目線を注意するか、どこでセリフを入れるか、お客さんの目線をどこに誘導してどの隙に秘密の動作を行うか、といったフォーカスする行動の台本として使われています。

そして、マジックでは演技の３分間だけですが、
この一日のサイレントスクリプトでは、朝起きてから夜寝るまでの注意の流れ、行動の流れの台本を作ることになります。

起きる　→　水を飲む　→　着替える　→
ノートを開いて考え事をする　→　本を読む　→……

といったように、**明日の、起きてから寝るまでのフォーカスする行動の動線をしっかり書ききるのです。**

このスケジュールを書く際に大切なことは、時間で区切るのではなく、行動で書いていくことです。

つまり、
7:00 起床　7:10 洗顔　7:30 朝食
とスケジュールを書いていくのではなく、

起きる → 顔を洗う → 歯磨きする → コーヒーを淹れる → コーヒーを飲みながら本を読む → 朝食を作る → 朝食を食べる → 外を散歩する → 読書をする → 昼ご飯を食べる → 昼寝をする → メール・SNSチェック → 仕事をする → （17:00）Zoomで会議 → 夕飯を食べる → テレビを見る → 入浴 → 明日のサイレントスクリプトを書く → マインドフルネス → 就寝と、実際の行動で書いていきます。

時間が決まっているスケジュールは時間も書き入れます。

ここでのポイントは時間で区切らないことです。

時間で区切ると「これくらいで終わるだろうな」と思っていたものが思いの外早く終わって、隙間時間ができることも。隙間時間ができると不安チャンネルにフォーカスが合ってしまう可能性があります。逆に時間がかかって「あ！ あれできなかった」と落ち込んでしまうなんていうことも……。

まずは「これ以外はしない」と決めることが大切なのです。それによって、注意がほかにいかないようになります。この行動予定表があれば、テレビやスマホを見て、不安に感情がもっていかれても、「そうだ！ 次はこれをやるんだった」と意識を不安やうつっぽい気持ちから離すことができます。

そもそも、人はミスディレクションされる生き物です。時間ベースで管理してしまうと、「ああっ！ せっかく朝9時から仕事しようと思って

いたのにスマホいじりすぎてもう 10 時半だ……くそっ」と落ち込み、それが感情トリガーになり、キッチンに行ってストレス解消用のスナックを食べてしまい、食べたことによる罪悪感がさらなる感情トリガーになり、気分を落ち着かせるためにスマホで YouTube を見てしまう。そして気づいたら予定していた時間よりも数時間も経っていた、なんてことが起こってしまいます。

しかし、行動ベースで予定をたてればそんなことは起こりません。ミスディレクションが起こっても、次の行動はなんだっけ？　とスムーズに次の行動に移ることができます。

つまり、ミスディレクションを打ち破って、望む人生を生きるために、明日の行動予定表を作っておくのです。心のホームポジションのようなものです。

 ## 厳密に、書き込まなくていい

翌日の行動を書き出すからといって、全てを厳密に、書いた順番通りやらなきゃいけない、という必要はありません。

まずはフワッと、明日やることはこんな感じかな？　と思いついた行動だけでも朝から寝るまでを書いてみてください。厳密に書く必要はありません。

まずは、

起きる　→　朝ごはん　→　昼ごはん　→　夕飯　→　寝る

から、始めてもいいでしょう。

それで、徐々に「やりたい行動」のピースを入れていけばよいのです。

大事なのは、毎日毎日スクリプトを書くことを習慣にすることです。

ときには矢印の先に "読書" "考え事" "散歩をする" と３つくらい候補を書いておいて、その時の気分や状況次第で決めるというのもいいでしょう。

昼寝　→　読書　→　考え事　→　散歩　→　仕事

と厳密に決めるのではなく、

昼寝　→　"読書" "考え事" "散歩" のどれか　→　仕事　というように、

ふわっと書いてしまって大丈夫です。

しかし、「自由時間」と書くのはあまりオススメしません。

例えば、　昼寝　→　自由時間　→　仕事　と書いていると、ミスディレクションされて自由時間をほとんどスマホを見て過ごしてしまうかもしれません！

もちろん、１時間、２時間くらいなら本当の自由時間でもいいでしょう。だらだらスマホを見てても構いません。

ただし、この自由時間が休みの日で半日もあると、そのほとんどが SNS や YouTube に消費されて終わる、なんてことが起こってしまいます。その時、あなたは前の章で決めた人生のテーマやコンパスの方向に進めず、ミスディレクションされて別の時間の使い方をしてしまっています。

自分で選んでいる時間の使い方ではなく、ある意味スマホに選ばされている時間の使い方になります。

もちろん最初は、何を書いたらいいかわからないので「自由時間」とだけ書いて、何を自分がしているのか観察して、そこから細かく分解して書いていってもいいでしょう。

 ## まずは、書いてみよう

実際に書いてみましょう。ノート1冊と筆記用具を用意してください。

スマホや PC などに書き込むのはダメです。タブレットもダメです。スマホ、PC は、強烈なミスディレクション発生装置なので、スクリプトを書く時間のはずなのに、気づいたら SNS を見たりしてしまいます。

ノートだと、書き込むくらいしかできないので、行動をコントロールできミスディレクションを防げます。明日「次はなにするんだっけ？」とノートを見返す時も、見返すことだけに集中できるでしょう。

また、スマホやPCだと寝る前にスクリプトを書くので、ブルーライトを浴びてしまいます。ブルーライトを浴びると脳の松果体からメラトニンという睡眠ホルモンが出なくなります。

寝る前2時間にスマホをいじると、睡眠時間がマイナス2時間になると言われています。つまり、0時から6時まで寝たとしても、実際は4時間睡眠になってしまうのです。

ですから、必ず紙を用意してください。B5からA4サイズくらいのノートがオススメです。小さいと書き込めないので付箋もダメです。

用意しましたか？　ここからは一緒にやっていきます。必ず用意してから次に進みましょう。

本当に用意しましたか？　ちゃんと用意してくださいね。それではやっていきます。

Exercise　サイレントスクリプト

まず、左上に「起きる→」と書きます。そこから、明日の一日をイメージして、一日の行動を書き込んでいきます。途中は→で繋いでいきます。最後は「→寝る」で終了となります。

何を書いたらよいかわからない、という方は前章で行った人生テーマを書き出すエクササイズ、自分の「航路」を探すエクササイズを見返してみてもよいでしょう。

映画監督になった気持ちで、明日一日の、あなたの台本を作りきりましょう。

 毎晩、寝る前にチェック

書き込んだら、翌日実際に試してみてください。
もし実際に行動が取れたら、×印でチェックをつけていくのもよいでしょう。

こうすることで、自分の一日を自分で管理することができるようになります。

行動のピースを繋いで
スクリプトのパズルを完成させる

スクリプトを書く中で、繋がりやすい行動、繋がりにくい行動があることに気づくでしょう。

例えば、「散歩」→「外のスーパーで買い物」 はすぐ繋がるでしょう。しかし、「化粧も落としてすっぴんでリラックス」→「外のスーパーで買い物」 は人によっては繋がりが悪そうです。

各行動には、うまく繋がる行動もあれば、繋がらない行動もあります。パズルみたいに、組み合わせてみてください。

例えば、「昼ごはんを食べる」→「昼寝」 は、ごはんを食べた後に満腹感が訪れるので、眠くなってうまく繋がるでしょう。

けれど、「昼ごはんを食べる」→「集中して仕事をする」 は、そう書いても、昼食後で血糖値が上がり眠くなっているので行動が繋がらず、眠気にミスディレクションされ、つい休憩してしまうかもしれません。

その際は、それを利用して 「昼ごはんを食べる」→「15分昼寝」→「仕事」とスクリプトに書き込むのです。大切なのは、**意図した時間の使い方で一日を埋めていくということです。**

でもいきなり100点取ろうとしないでください。そうすると挫折してしまいます。とにかく、テキトーでいいので毎日寝る前にスクリプトを書く習慣をつけてください。30点でもいいのです。

そうすると、だんだん各行動の、ピースの形がわかってきて、繋がりやすい次のピースの形もわかってきて、1ヵ月後には必ず流れるような理想のスクリプトがパズルのように完成します。

 ## 朝と夜のルーティンが一番大事

特に、大事なのが朝と寝る前のルーティン。
起きる → (中略)→ 寝る の「起きる」と「寝る」は毎日毎日同じです。

つまり「起きる」というピースと、「寝る」のピースの形はすでに決まっているわけです。そうしたら、それの前後にハマるピースも、ほとんど自動的に決まります。

つまり、起きた直後と、寝る直前は、習慣が身につく最強の時間帯なのです。そこで朝と夜のルーティンは毎日固定になるよう作り込むことをオススメしています。

特に、朝はスマホアラームで起きて、すぐに LINE チェックをする習慣がある人は要注意。

LINE などの SNS は、ドーパミンを分泌させます。SNS は、人とのコミュニケーション。人との繋がりというのは強烈なご褒美の一つです。
起きる　→　スマホで LINE チェック　→　気づいたら LINE NEWS →
気づいたら Yahoo! News、Twitter、Facebook、TikTok、Instagram、YouTube　→　と、ミスディレクションのドミノ倒しで、朝から 1 時間くらい時間を奪われてしまいます。

そのため、スマホアラームで起きるのをやめ、
起きる　→　シャワー　→　朝食　→　歯磨き　→　メイク　→　朝の仕事　→　ようやく SNS チェック
というふうに、スマホを見るのはできるだけ後にしましょう。スマホは便利すぎるのです。朝はスマホを使わず、別の目覚まし時計のアラームで起きるか、一番よいのは光で起きること。

人間は音よりも光で起きるほうがしっかり覚醒できるようにできているのです。アラームとして決めた時間になると光を照射してくれる光時計が 3000 円くらいから売っているので、それを買うのがオススメです。

目覚まし時計を止めた後の動作も決めたほうがいいでしょう。
「水を飲む」でも「シャワーを浴びる」でも「コーヒーを淹れる」でも。
ここでメールチェックはオススメしないです。ミスディレクションに
引っ張られてしまいます。

読書や、自分一人で集中できる仕事などを入れるのがいいでしょう。
**朝は一番集中できる時間帯。一番したいことで、脳に負荷がかかる作業
を朝のルーティンとするのが一番です。**

そして、「スマホで SNS をチェックする」とスクリプトに書き込んで、
残りの時間は見ないように意識的に努力することが大切です。
もちろんそのためにはスマホの通知を全て OFF にする必要があります。
音も、POP でバナーが出るものも全て OFF です。

私は、電話以外全て通知が鳴らないようにしています。通知が鳴るたび
に毎回見ていると、仕事の連絡ばかりで、オフとオンの区別がつかず、
プライベートの時間も休めなくなってしまいます。

特にメール、LINE、Messenger はオフにしましょう。他のゲームや謎
のアプリの通知も邪魔なので消していきましょう。やり方としては、通
知・POP が出るたびに設定画面にいき、それぞれのアプリの通知を一
つ一つ OFF にしていきましょう。それを繰り返せば 1 週間もする頃に
は平穏が訪れているはずです。

寝る前のルーティンが、睡眠の質を決める

同じように、夜寝る前のルーティンも大切です。自分が一番リラックスして眠れるようになる行動の順番を作っていくのです。

夕飯　→　テレビ　→　お風呂　→　ストレッチ　→　寝る
というふうに。

これも毎日のルーティンにしたほうが、生活のリズムが整います。夜は副交感神経を優位にしたほうがよいので、あまり集中力が必要な仕事をするのはやめましょう。

帰宅　→　夕飯　→　テレビ　→　仕事　→　寝る
なんて例えば書いたとします。仕事をする前にテレビで休憩してから仕事をするわけです。

でも、そうなるとおそらく、仕事のストレスから癒やされたくて、
帰宅　→　夕飯　→　テレビ　→　仕事　→　スマホいじってリラックス　→　寝る

実際はこういう流れになることが多いでしょう。すると寝る時間がスマホでさらに遅くなり、生活が不規則になってしまいます。

それであれば、帰宅　→　仕事　→　夕飯　→　テレビ　→　スマホ　→　寝る　のほうがよいかもしれません。しかし、寝る前2時間のスマ

ホは本当にオススメできません。

できれば、寝る前２時間のスクリプトは画面を使わない、読書、ストレッチ、ヨガ、風呂、アロマ、音楽鑑賞、家族団欒、 などの使い方がオススメです。

特に私のオススメは、「**マインドフルネス**」と「**明日のサイレントスクリプトを書く**」の２つを夜の日課にすることです。

マインドフルネスは、 ２章のエクササイズを参考に、一日３分でよいので開始してみましょう。お風呂に入る習慣がある人は、湯船の中でするのもオススメです。

お風呂のタイマーを押してから、お風呂が溜まるまでにサイレントスクリプトも書いてしまえば一石二鳥となります。

 ## サイレントスクリプトは To Do リストではない

To Do リストと何が違うの？　という人がいますが、全く違います。
To Do リストは、一つひとつがぶつ切りです。そのために、To Do と To Do の間に隙間時間ができてしまいます。
するとミスディレクション されて、書いたはずの To Do がやりきれないで一日が終わる、という人が多くいます。

しかし、サイレントスクリプトは違います。
「起きる」から「寝る」までの動線を作り切るのです。明日の行動の動線を、イメージトレーニングすることがミソなのです。

この行動をして、その次はこの行動。と実際に行動している様子を、超具体的にイメージしながら、書いていきます。

イメージトレーニングは、「ゴール」ではなく「プロセス」をイメージするのがコツです。例えば、「金メダルを獲っている姿」とイメージしてはいけません。

いえ、別にしてもいいのですが、あまり効果的ではないでしょう。
それよりも、「何をして」金メダルを獲るか、行動をイメージします。

具体的に、ここでターン、ここで重心を下げる、ここで右手を30度あげて、といったふうに、一つひとつの行動をきちんとイメージすることで、脳は学習するわけです。

脳は、イメージしたことと、実際に起こったことの区別がつきません。
前日に、一度行動の動線をイメージすれば、翌日は脳にとって、もうすでに一度体験した流れを再現するだけになるのです。
そのため、スクリプトに書いた通りの行動をとると、実行率が、極めて上がります。
To Doリストとは比較になりません。
スケジュール帳に書き込むというのもダメです。スケジュールに決めた時間の隙間でミスディレクションされます。

毎日サイレントスクリプトを書き、時間指定のアポがあれば、スクリプトの中に時間と共に書き込むのが大切です。

11:00 MTG　→　昼ごはん　→　散歩　→　14:00 鈴木さんアポ

というように。私自身も、人とのアポのような時間指定のものはGoogle カレンダーに入れています。しかし、それとは別個に毎日サイレントスクリプトにもアポを書き入れています。

実際に、自分でノートとペンで、手を動かして、行動をイメージしリハーサルしながらスクリプトを書いていく、という儀式が大切なのです。

サイレントスクリプトは、明日の一日を、自分で選び取る儀式なのです。

例えると、音楽の楽譜のようなものです。
明日一日の、あなたのメロディを作るのです。

To Do リストだと、それは楽譜にはなりません。ただ、コードのリストが並んでいるだけです。

同じく Google カレンダーのようなスケジュール帳も、楽譜にはなりません。それは、穴の空いた休符だらけの楽譜になってしまい、音楽が奏でられません。

明日のあなたのコード進行表、楽譜を作成するのです。

新しいことに挑戦する時は
ハードルを下げる

新しい行動に挑戦する時は、思いっきりハードルを下げましょう。

今まで全く運動したことのない人が、いきなり　→　腹筋20回　→
なんて書いたって、書いた通りには実行できません。

やってもやらなくてもどっちでもいいくらいにハードルを下げるのが大
切です。

例えば、→　腹筋1回　→　と書くのです。

腹筋1回なら、やってもやらなくてもどっちでもいいレベルです。
それくらいのレベルなら、人はやる気になるのです。
習慣になっていけば、「あ、今日は2回やろう」「だんだん体動かすのが
楽しくなってきたな、5回、いや10回やろう」というように、やがて
20回を超えていくでしょう。

あるいは、→　ランニング　→　と書く人がいるでしょう。普段からやっ
ているならそう書いても構いません。しかし、初めて挑戦するなら、ハー
ドルを下げなければなりません。

ランニングの、ハードルを下げるとどうなるでしょうか?
家の周りを走る?　コンビニまで走る?　とかでしょうか。

それもよいでしょう。個人的なオススメは、「ウェアに着替える」と書くことです。

→　ウェアに着替える　→　と書けば、あとは自動的に走り出すでしょう。やってもやらなくてもいいくらいにハードルを下げるのです。

一番良いのは、初動だけ書くことです。

例えば読書なら、いきなり　→　1冊読む　→　などと書いてはいけません。では、ハードルを下げて「1ページ読む」というのはどうか、というとそれでもやらないかもしれません。

では、どうしたらいいかというと、　→　本を開く　→　と書けばいいのです！
本を開くなら、限りなくやってもやらなくてもどうでもいいくらいハードルが低いです。それであれば実行できるし、自己効力感も上がります。

三日坊主になってしまう、予定を立てたりイメージしたりするのは得意だけど、実行力が弱点だ、と思う人ほどこのテクニックは効果的です。圧倒的にハードルを下げましょう。だんだん本を読むのが好きになり、自信もつき、一日に1冊読めるようになるでしょう。そうなってきてから、スクリプトに　→　読書　→　と書けばよいのです。

塵も積もれば山となる。あなただって、これを繰り返せばオリンピック選手のように飛躍的な成長を遂げられます。

行動を起こす３つの鍵

サイレントスクリプトでは、行動の動線を書いていきます。しかし、その通り行えるかは、次の３つの鍵が大切です。

「どの場所で」「必要なものは何で」「どうやってやる」

例えば、「本を開く」という行動を書いたなら、
「どの場所で」：机の上で
「必要なものは何で」：本が必要
「どうやってやる」：本棚から本を１冊選んで取り出す
というように、行動を明確にする必要があります。

もしかしたら、「本を開く」の前に、「本棚から本を選ぶ」という行動をスクリプトに書く必要に気づくかもしれません。

全て具体的でないと人は行動が起こせません。そうしないと、本棚から本を取り出す前に、ミスディレクションされて机に座ってスマホをいじって終わる可能性もあるのです。

「どの場所で」「必要なものは何で」「どうやってやる」を決めて、イメージしながらスクリプトを書くことで、具体的なイメージトレーニングになり、実践できるようになります。

ミスディレクションされない家づくり

一番良いのは、1つの場所で1つの行動しか取らせないようにすること
です。

つまり、環境トリガーの排除です。ベッドの近くでスマホを充電してい
たら、必ずベッドに行った時にスマホを見てしまいます。毎日瞑想の修
行をしている私だって必ず見てしまうでしょう。それほど強烈なミス
ディレクション発生装置なのです。ですから私は玄関の近くでスマホを
充電しています。

ベッドに行ったら、寝る以外の選択肢が取れないようにしているのです。

他にも、勉強机の近くにゲームや漫画が置いてあると、それが環境トリ
ガーになりミスディレクションされます。基本的に、ミスディレクショ
ンの元になるものは遠ざけ、行いたい行動に必要なアイテムを身近に置
いておくのです。心理学者ショーン・エイカーの「20秒ルール」とい
うのがあります。人は行動を起こすまでの準備時間が20秒縮まれば習
慣になり、20秒以上長くかかるようになれば行動しなくなるのです。

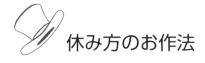

休み方のお作法

こうやって行動を書いていくと、だんだん疲れていっちゃいますよね。なので、「何もしない時間」という項目を入れるのをオススメします。何もしない時間は、グダーッてゴロゴロしてもよいでしょう。

あるいは、そういうまとまった休み時間以外のところで、
行動　→　行動　→　行動
とスクリプトをこなしていく中で、ちょっと　→　の部分で、一休みしたい時が出てくるでしょう。

その時は事前に、休憩で何をするかを示す具体的な休憩行動を3つ決めておいてください。

例えば、私は、疲れて次の行動にいけない時に、「食器洗い」「服をたたんでしまう」「部屋にコロコロをかける」といった、ちょっと気分転換できて、スマホ画面も見なくて済む休憩行動を入れています。

休憩行動を設定するときに大切なのは、終わりが見えている行動にすることです。
「食器洗い」「服をたたんでしまう」「部屋にコロコロをかける」であれば、全て終わりが見えています。食器ならシンクが綺麗になったら終わり。服はたたんでしまい終わったら終わり。コロコロはかけ終わったら終わり、です。

すると、綺麗になったのが環境トリガーとなり、スクリプトに戻ることができます。

終わりが見えていない休憩行動だと、スクリプトに戻るタイミングを失います。

「スマホでだらだら」だと完璧に戻るタイミングを失い、ミスディレクションされてしまいます。

もちろん、「ソファーでゴロンとなる」と決めてもいいです。

しかし、そういう場合は終わりが見えないので、きちんと「タイマー」を設定してください。僕は Apple Watch で音が鳴るタイマーをセットしてゴロゴロします。

「ソファーで 15 分ゴロンとなる。15 分経ったらスクリプトに戻る」と決めるのです。

そうしないと、延々とソファーでゴロンとして、1 時間、2 時間と昼寝をしてしまい、何となく午後をだるく過ごしたり、夜目覚めてしまって寝付けなくなったりします。

あるいは、そのままソファー近くに置いてあるリモコンに環境トリガーされ、テレビをつけ、気づいたら 1 時間以上、特に見たいわけでもないテレビを見ていたり。

あるいは、スマホを持ってソファーにゴロンッてしていれば、ずっと YouTube を見続けてしまうかもしれません。

トランジション、すなわち矢印のところで休憩を入れる場合は、3択で、かつ、終わりを決めてください。
そうではなく、ダラダラしたい、ソファーでゴロンとしたい場合は、それをしっかりスクリプトに書き入れるのです。

でも、スクリプトを守れなくてもしょうがないです。
いえ、むしろスクリプトは守られないことを前提で書いています。
マジシャンだからわかりますが、人間はミスディレクションされる生き物なんです。何を隠そう私だって、気づいたら、スクリプトを無視して、Twitter を見てだらだら過ごしてることなんて日常茶飯事です。

書いたスクリプトを完全放棄して、好奇心のままに全く違うことをしている日もあります。

それでもいいんです！

大切なのは、毎日スクリプトがあること。
スクリプトさえあれば、心のホームポジションになり、気づいた時に戻れるのです。

ミスディレクションされた時に、もしかしたら、
「ああ自分は自分で決めたことも守れないダメ人間なんだ」
「夢は大きいけど、口だけ。このまま人生浪費し続けるだけなんだ、俺は」

なんて考えの雲が浮かぶ時もあるかもしれません。
私なんかもしょっちゅう浮かんでいました。

でも、それは真実ではありません。ただ、考えの雲が浮かんでいるだけ
です。思考トリガーにミスディレクションされないでください。
気づけば、スクリプトに戻ることができます。

一度、タネ明かしされたマジックに引っかかることは二度とありません。

もし考えの雲にミスディレクションされそうになったら、2章で出てき
た「○○って決めつけている」「○○って決めつけていることに今気づ
いている」というテクニックを使って、思考と距離をとりましょう。

ご褒美行動は、スクリプトの後半にする

自分にとっての、ときめくご褒美になるような行動は、なるべくスクリプトの後半に書きましょう。

ご褒美は人によって違います。YouTubeをみるのが好き、LINEをチェックするのが好き、だらだらソファーでポテチ食べながらTwitterを見るのが好き、アニメを観るのが好き、Uber Eatsで高級弁当を頼むのが好きなどなど。

こういう、ついやってしまう、ご褒美行動。オートフォーカスが向いていてついやってしまう行動は、なるべく一日の後半にもっていきましょう。

もし、朝からこういったご褒美行動をとってしまうと、ご褒美中毒になってしまいます。こういった楽しい行動をすると、ご褒美ホルモン、ドーパミンが分泌されます。

ドーパミンは、快楽物質で中毒性があるので、オートフォーカスを生み出し、その行動ばかり取るようになり、我慢ができなくなり、欲求がコントロールできず、誘惑に弱くなります。

ですから、動画視聴やゲーム、だらだらSNSも夕方のほうがよいでしょう。そうすれば、日中、より努力することができるようになります。あるいは贅沢な出前やおやつ、買い物も、ご褒美として一日の後ろのほうにもっていきましょう。

人参をぶら下げておけば、ウサギは走り出すのです。

一人暮らしよりも、誰かと一緒に暮らしている人によりおすすめ

一人暮らしならば、ある程度自分で自分の行動をコントロールできるでしょう。

でも誰かと一緒に暮らしているなら、自分だけの時間ではありません。なおさらセルフコントロールが難しいでしょう。特に小さいお子さんがいる家庭は大変です。子供に自然とオートフォーカスがいき、ミスディレクションされます。

もちろん、その時間は有意義な時間ですが、その後に仕事に戻ろうとしても、また子供にミスディレクションされてしまって、スケジュール通りいかなくなるでしょう。

他人の行動自体はコントロールできないので、ある意味邪魔が入りミスディレクションされてしまうのは仕方ありません。
なので、ミスディレクションされることを前提で、されたことに気づいたら、行動予定表に戻って来ればよいのです。
スクリプトを試してもらっている人で、家族4人全員で毎日スクリプトを書いているという一家があります。なんと小学校4年生の女の子でも、書いていました。

その子は新型コロナの影響で小学校が休校になり、生活リズムが乱れていたそうです。しかし、スクリプトを書き始めて、「勉強する」と自ら

決めて書くようになってから、生活リズムも整い、進んで勉強するようになっていったそうです。

家族それぞれの時間の使い方もわかり、より仲が深まります。お互いを邪魔せず、支えあうようなこともできるようになるでしょう。
ぜひやってみてください。

究極のミスディレクション対策「タイマー」

どうしても、注意がそれてしまう、という人にオススメなのが、スクリプトとタイマーの併用です。ADHD（注意欠陥・多動性障害）気味な人には特に効果があります。

私は Apple Watch をつけているのですが、これは何もいつでもメールや SNS を確認したいからではありません。そんなことをしていてはミスディレクションされて集中できなくなってしまいます。私の Apple Watch は、「タイマー」なのです。
30 分ごとにタイマーが鳴るように設定しています。このタイマーという環境トリガーによって無理やり注意を戻すのです。

朝 Apple Watch をつける時に、必ずそれをトリガーにして30分タイマーを設定します。ちなみにこのタイマーも、スマホでやってはいけません。それだと30分ごとにスマホをいじってしまうようになりミスディレクションされてしまいます。

スマホは便利すぎるが故に、機能を分割する必要があるのです。
すでに別の時計をしていて Apple Watch などスマートウォッチを買わない人は、普通のタイマーを買って朝から晩までつけてもいいでしょう。音が大きいほど、環境トリガーで、注意を戻せます。

けれど、家族と複数人で住んでいる場合や職場では、30分ごとにタイマー音が鳴っていたら他の人の迷惑になってしまうでしょう。なので、やはりスマートウォッチがよいです。Apple Watch は、スヌーズ機能を使えば、音は出ないけれど振動だけするというモードに設定できるので、いつでも人を気にせず発動できる環境トリガーとなります。

もちろん、「映画を観る」といった場合は、その都度タイマーを3時間等に変更します。しかしタイマーを止めてはいけません。止めると、環境トリガーがなくなってしまうので、その日一日の中で、再びタイマーを発動する口実がなくなってしまいます。

タイマーで、ミスディレクションされていることに気づいてスクリプトに戻って来ればよいのです。

おわりに

ミスディレクションされたっていい

お疲れ様でした。
人生のタネ明かし、いかがでしたでしょうか。

後半の行動のコントロールはかなり歯ごたえがある内容だったかと思います。それもそのはず。たった今、あなたが勉強した心の理論は、世界で闘うオリンピックアスリートも学んでいる方法なのです。

そして、この方法は、あなたにも間違いなく当てはまる理論です。
私はうつ病治療から、オリンピックアスリートのメンタルトレーニングまで、どんな人のメンタルサポートにも、この本の内容を使っていて、成果を感じています。

大切なのは、人生テーマに向かってサイレントスクリプトを書き、とりたい行動で一日一日を満たしていくことです。
その中で、環境・思考・感情の３つのトリガーによってミスディレクションされることがあるでしょう。その度に、ミスディレクションに気付き、もう一度行動にフォーカスを戻してみましょう。

いきなり全てを吸収できないかもしれません。
サイレントスクリプトも、いきなり始めるのは大変です。

料理が徐々に上達するのと一緒で、まずカップ麺を作るところくらいか

ら始めて、外食をして、美味しいご飯が好きになり、だんだんとマイ包丁やまな板を買い、自分で作るようになっていく。少しずつ、ステップアップしていけばよいのです。

今すぐは全て理解できなくても、悩んだり困ったりした時にこの本のタネ明かしに立ち戻ってみてください。
「ああ！　これがミスディレクションか」「今思考トリガーにやられているな」と本書の内容が自分の人生で起こっていることに対応して理解できれば Magic が起こります。「変えたい現実」ではなく「最高に楽しめる物語」になっていきます。

焦る必要はありません。
なぜなら、未来の結果は、私たちにはコントロールできないのですから。

あなたは、自分で意図して本書に巡り合いましたか？
いいえ、違います。あなたの行動の結果として、本書にたまたま巡り合ったわけです。
あなたの物語で起こることは、あなたにはコントロールできません。

あなたは、意図した時刻に、意図した場所で、本書の終わりのこのページを読んでいますか？
いいえ、違います。仕事の合間や、休みの日。休みだとしても家族や友達からの連絡など、いろいろな環境や誘惑があり、結果として今の時間、今の場所で、このページを読んでいるわけです。
すなわち、今この 253 ページを読んでいることは結果です。あなたがコントロールしているわけではありません。

あなたの行動の結果として、たまたま今のタイミングでこのページに巡り合ったわけです。

あなたの物語で起こることは、あなたにはコントロールできません。

すなわち、あなたの人生が、「いつ最高に楽しめる物語に変貌するか」も、あなたにはコントロールできません！

「最高に楽しめる物語に変貌する」は結果です。

結果はあなたにはコントロールできません。

そういうと、あなたは驚かれるかもしれません。

「少しでも早く、人生を最高に楽しめる物語にしたいのに！」と思われるかもしれません。

でも、あなたは、何も焦る必要はありません。

ミスディレクションされることも楽しみましょう。

ミスディレクションされてもいいのです。だって、もし私たちが完全にミスディレクションされなくなったら、不思議で楽しいマジックを私たちは永遠に楽しめなくなってしまいます。人間はミスディレクションされる生き物。ミスディレクションは、敵だけでなく、友にもなりえるのです。

あなたは何も解決しようと焦らなくていいのです。ミスディレクション
されるかどうかも結果です。結果は運が支配するところであなたにはコ
ントロールできません。

物語で起こることはあなたにはコントロールできないのですから。

だからこそ、ただ、毎日選んだ行動にフォーカスし、「今日はこんな物
語なのか！」と体の感覚の波を楽しんで味わえばよいのです。それがポ
ジティブな波であれ、ネガティブな波であれ。

すると、あなたの人生は「変えたい現実」から、「最高に楽しめる物語」
に変化します。

今のままで、最高に楽しめる体験です。
だって他ならぬあなたの人生に起こった物語なのですから。

志村祥瑚

人生のタネ明かし
成果を出す人に共通する心の秘密

2020 年 9 月 1 日 第 1 刷発行

著　者　　志村祥瑚　　©Shogo Shimura 2020, Printed in Japan

発行者　　渡瀬昌彦

発行所　　株式会社講談社

　　　　　東京都文京区音羽 2-12-21 〒 112-8001

　　　　　電話　編集 03-5395-3522

　　　　　　　　販売 03-5395-4415

　　　　　　　　業務 03-5395-3615

ブックデザイン・イラスト・DTP　山本秀行 (F 3 デザイン)

イラスト　　大久保ナオ登

写　真　　iStock、Adobe Stock

印刷所　　株式会社新藤慶昌堂

製本所　　株式会社国宝社

ISBN978-4-06-521101-4　　N.D.C. 141　　255p 21cm